GRAMMAIRE

ITALIENNE.

GRAMMAIRE

Italienne,

SIMPLIFIEE ET RÉDUITE

A 20 LEÇONS,

AVEC DES THÈMES, DES DIALOGUES, ET UN PETIT
RECUEIL DE TRAITS D'HISTOIRE EN ITALIEN,
A L'USAGE DES COMMENÇANS;

Par VERGANI.

NOUVELLE ÉDITION, CORRIGÉE ET AUGMENTÉE

Par M. PIRANÉSI,

MEMBRE DE L'ACADÉMIE DES ARCADES DE ROME.

———— ❈ ————

PARIS,

BAUDRY, LIBRAIRIE EUROPÉENNE,

3, QUAI MALAQUAIS, PRÈS LE PONT DES ARTS.
STASSIN ET XAVIER, 9 RUE DU COQ.

—

1845.

DEFINITIONS.

La GRAMMAIRE est l'art de parler et d'écrire correctement.

L'*Article* est un petit mot que l'on met devant les noms, et qui en fait connoître le genre et le nombre.

Le *Nom* ou le *Substantif* désigne les personnes ou les choses.

L'*Adjectif* exprime une qualité des personnes ou des choses.

Les *Genres* sont, dans l'origine, un rapport des mots à l'un ou à l'autre sexe. Il y a en italien, comme en français, deux genres, le masculin et le féminin.

Il y a deux *Nombres* : le singulier, qui ne désigne qu'une personne ou une chose ; et le pluriel, qui désigne plusieurs personnes ou plusieurs choses.

Augmentatif se dit de certaines terminaisons qui servent à augmenter le sens des noms.

Le *Diminutif* est une terminaison qui diminue la force du mot.

Un adjectif est au *positif*, quand il exprime simplement la qualité ; il est au *comparatif*, quand, outre la qualité, il exprime la comparaison ; il est au *superlatif*, quand il exprime la qualité dans un très-haut ou dans le plus haut degré.

Le Superlatif peut être *absolu* ou *relatif*. Le Superlatif *absolu* exprime une qualité au suprême degré, mais sans aucun rapport d'une autre chose ; le Superlatif *relatif* exprime la qualité dans le plus haut degré, avec rapport à quelque autre chose.

Les noms de *Nombre* sont ceux dont on se sert pour compter.

Il y en a de deux sortes : les *Cardinaux* et les *Ordinaux*.

Les nombres Cardinaux sont ceux qui servent absolument et simplement à désigner les divers nombres.

Les Ordinaux marquent l'ordre et le rang.

Le *Pronom* est un mot qu'on met à la place du Nom.

Les Pronoms *personnels* marquent directement les personnes.

Les Pronoms *possessifs* marquent la possession et la propriété de quelque chose.

Les Pronoms *démonstratifs* indiquent ou montrent l'objet dont il s'agit dans le discours.

Les Pronoms *relatifs* sont ceux qui ont rapport à un nom ou à un pronom qui précède.

A

Les Pronoms *indéterminés* expriment ordinairement leur objet d'une manière générale et indéterminée.

Le *Verbe* est un mot qui exprime une action faite ou reçue par le sujet; ou bien il ne signifie que l'état du sujet.

L'*Infinitif* exprime l'action ou l'état en général, sans nombres de personnes.

Le *Participe* est ainsi appelé, parce qu'il participe de la nature du verbe et de celle de l'adjectif.

Il y a deux verbes que l'on nomme *Auxiliaires*, parce qu'ils aident à conjuguer tous les autres.

Les *Prépositions* marquent les différens rapports que les choses ont les unes avec les autres.

L'*Adverbe* exprime quelque circonstance du nom, du verbe ou même d'un autre adverbe.

Les *Conjonctions* servent à joindre ensemble les différentes parties du discours.

Les *Interjections* servent à marquer une affection ou un mouvement de l'âme, soit de douleur, soit de joie, etc.

Les *Particules explétives* sont de certains mots qui entrent dans une phrase, sans être nécessaires au discours, auquel ils donnent toutefois plus de force.

GRAMMAIRE ITALIENNE.

LEÇON PREMIÈRE.

DE LA PRONONCIATION ITALIENNE.

La langue italienne a 22 lettres, qu'on prononce ainsi :

A , B (*) , C , D , E , F , G , H , I , J , L ,
a , bè , tchè , dè , è , effe , dgè , acca , i , i , elle ,

M , N , O , P , Q , R , S , T , U , V
emme , enne , o , pè , cou , erre , esse , tè , ou , vè

Z.
dzeta.

PRONONCIATION DES VOYELLES.

A.

Cette voyelle se prononce comme en français (**) *parla*, *affare*, *radunare*. Elle se prononce avec un son plus allongé, quand à la fin du mot, elle est marquée d'un accent: *Verità*, *onestà*, *crudeltà*, *rarità*, *gravità*.

E

Il a deux sons, l'un fermé, et l'autre ouvert.

_____

(*) Les Florentins prononcent *bi*, *ci*, *di*, *gi*, *pi*, *ti*.

(**) Je ne donne point la traduction française, parce qu l'élève à la première leçon ne doit s'occuper que de la pronon ciation.

On ne peut établir de règles pour en fixer la pro-
onciation.

E fermé : *Fede, sete, verde, capello, bere.*

E ouvert : *Dea, cappello, rea, colei, direi, greco*
reco.

I, J.

I se prononce comme en français. J se prononce
comme I au commencement et au milieu des mots ;
à la fin des mots, il a le son de deux II : *Jacinto,*
jeri, ajuto, desiderj.

O

A deux sons différens, l'un fermé, et l'autre ouvert. On ne peut établir des règles complètes sur la
prononciation de cette voyelle ; mais elle est décidé-
ment ouverte, lorsque, à la dernière syllabe, elle
est marquée d'un accent.

O fermé : *Bocca, rodo, solo, sole, colpo, stolto,* etc.

O ouvert : *Roba, gobbo, oca, nodo, godo,* etc.

Et avec l'accent sur la dernière, *amò, resterò,*
lò, tarderò.

U

On le prononce comme les Français prononcent
la voyelle composée *ou.* Quand *u* est marqué d'un
accent à la fin du mot, il prend un son plus allongé:
uno, umore, Ugone, pausa, indura ; avec l'accent,
Belzebù, Esaù, Perù.

CONSONNES QUI S'ÉLOIGNENT DE LA PRONONCIATION FRANÇAISE.

Le *c* se prononce à peu près comme *tché.*

Ca, *co*, *cu* comme en français : *Cavallo*, *calandra*, *caro*, *colore*, *corto*, *cura*, *Cuma*.

Ce comme *tché* : *Celare*, *cerco*, *cervo*, *certo*.

Che comme *ké* en français : *Cheto*, *cherubino*.

Chi, *chia*, *chie*, *chio*, *chiu*, comme en françai *ki*, *kia*, *kié*, *kio*, *kiou*. Ex. *Chi*, *chiamare*, *chiaro*, *chiave*, *chiedere*, *chiodo*, *chiudere*.

Ci comme *tchi* : *Cicala*, *Ciro*, *civetta*.

Cia : *Ciascuno*, *ciabatta*, *ciarlare*

Cie : *Cielo*, *cieco*.

Cio : *Ciò*, *cioccolata*, *cioè*.

Ciu : *Ciuffo*, *ciuffole*.

G comme en français *dgé*.

Ga, *go*, *gu* comme en français : *Gabbia*, *gomena*, *gufo*

Ge comme *dgé* : *Gelato*, *gelosia*.

Ghe comme en français *gué* : *Ghermire*, *ghermito*

Ghi comme en français *gui* : *Ghirlanda*, *ghiribizzo*

Gi comme *dgi* : *Girare*, *gire*, *girasole*.

Gia : *Giacinto*, *giallo*, *giammai*.

Gie : *Gielo*.

Gio : *Giovanni*, *giorno*, *giovane*.

Giu : *giubilo*, *giudizio*, *giusto*.

Gli a deux sons différens. Cette syllabe est mouillée dans les mots *gli*, *gliene*, *meglio*, *piglio*, etc., où on la prononcé comme la finale du mot français *bouilli*. Elle a le son dur dans les mots *negligere*, *negligenza*, *negligentemente*, *Anglia*, *Angli*, etc., où le g s'articule comme en français.

Gna, *gno* comme dans les mots français cam-

pagne, compagne. *Bevagna, castagna, legno, segno,
benigno, ferrigno.*

Gua, gue (goua) (goué) : *Guadagno, eguale,
guerra, guercio.*

Gui comme dans le mot français aiguille : *Guido,
guiderdone.*

H ne se prononce jamais au commencement des
mots.

Q comme en français *kou.*

Qua (koua) : *Quale, quadro, quasi, quaranta.*

Que (koué) : *Quercia, querela, questione.*

Qui (koui) : *Qui, quiete, quinci, quivi*

Quo (kouo) : *Quotidiano*

Sce comme *che* en français : *Svegliere, scelta, scena.*

Sche comme *ske* en français : *Scherma, scherzo,
cherno.*

Schi, schia, schie comme *ski, skia, skie* : *Schifo,
chiamazzo, schiera.*

Sci comme *chi* en français : *Scimia, scintilla,
scisma.*

Scia : Sciagura, sciame.

Scie : Scienze, scientifico.

Scio : Sciocco, sciogliere.

Sciu : Sciupare, sciugatojo. La prononciation des
syllabes *scia, scie, scio, sciu,* n'est pas absolument
a prononciation des syllabes françaises cha, che
chi, cho, chou, mais elle fait entendre le son de la
voyelle *i* confondu avec *a, e, o, u.*

Z.

Cette consonne a deux sons différens : elle a celui

de *ts* dans *zitto, zolfo, zucchero, avarizia, letizia, lezione, orazione, popolazione,* etc.; elle a le son de *ds* dans *zafferano, zaffiro, zanzara, zefiro, dozzena, orizzonte, zazzera, razza.*

NOTA. J'invite l'élève à répéter plusieurs fois, avec son maître, l'exemple suivant, où j'ai tâché d'insérer tout ce que la langue italienne a de plus difficile à prononcer pour les étrangers.

Pour faciliter la prononciation de l'élève, j'ai accentué tous les mots. Je me suis servi de l'accen *aigu* pour marquer la syllabe qu'on doit prononcer longue. Pour les *e* et les *o* qui ont une prononciation tantôt fermée et tantôt ouverte, j'ai employé l'accent *aigu* et l'accent *grave*. Le mot *vérité* peut servir d'exemple pour l'*é* fermé, le mot *accès* pour l'*è* ouvert. La prononciation de l'*o* fermé peut être comparée à celle des mots *eau, côte,* etc., et pour l'*o* ouvert ou bref à celle des mots *homme, forme,* etc.

THÈME I.

Un célebre pittór dell' antichità si risólse un giórno di fare il quádro il piú perfètto che mai si potésse immaginare. Era égli giá divenuto famoso ed eccellénte nélla súa árte; ma cercándo, in quésta circostánza, di superáre	Un célèbre peintre de l'antiquité résolut un jour de faire le tableau le plus parfait que jamais on pût imaginer. Il étoit déjà devenu fameux et excelloit dans son art; mais cherchant, dans cette circonstance, à surpasser tout

*quánto avea fatto per l'in-
nánzi, formò il progètto
di dipingerne úno che fósse
interaménte sènza difètti.
Finíto il quádro, nòn cre-
dèndosi giúdice suffi-
ciènte, l'espóse nélla púb-
blica piázza, e pregò gli
spettatóri di dírne il lóro
parére, indicándo, cólla
matíta che avéa là collo-
cáta a tal fine, ógni difétto
ché vi potésser discérnere.*

*Ciascúno accennò quél
ché gli párve difettóso, ed il
pittóre tornáto sul far délla
séra per ritiráre il quá-
dro, s'avvíde, maravi-
gliándosi ché quási tútti i
lineaménti dél vólto, e tutte
le piéghe dél panneggia-
ménto èrano státe disap-
prováte. Contuttociò, sic-
cóme confidáva assái ne'
suòi próprj talènti, èbbe
il coràggio di fáre úna
secónda pròva.*

ce qu'il avoit fait auparavant, il forma le projet
d'en peindre un qui fût
entièrement sans défauts.
Le tableau étant fini, ne
se croyant pas juge suffi-
sant, il l'exposa dans la
place publique, et pria
les spectateurs d'en dire
leur avis, en marquant
avec un crayon qu'il a-
voit placé là pour cet effet, tous les défauts qu'ils
pouvoient y remarquer.

Chacun marqua ce qui
lui parut défectueux; et
le peintre, étant revenu
vers le soir pour retirer
son tableau, aperçut, à
son grand étonnement,
que presque tous les traits
du visage, et tous les plis
de la draperie avoient été
désapprouvés: cependant
comme il comptoit beau-
coup sur ses propres ta-
lens, il eut le courage de
faire une seconde épreuve.

L'*indománi*, *espóse di nuovo la súa òpera ágli òcchi del púbblico, e pregò i riguardánti d'accennár, cólla matita, cóme il giorno precedènte, i' luòghi dèl quádro ché giudicherèbbero eccellènti ; ma quándo égli vénne súlla séra ad esaminárlo, vide ché il púbblico avéva approváto tutti i lineaménti.*

Le lendemain il exposa de nouveau son ouvrage aux yeux du public, et pria les spectateurs d'indiquer, avec le crayon, comme le jour précédent, les endroits du tableau qu'ils jugeroient excellens; mais quand il vint sur le soir pour l'examiner, il vit que le public avoit approuvé tous les traits.

Ciò mòstra chiaraménte ché quéllo ché piáce ágli úni, può dispiacére ágli àltri ; e ché sarebbe una sciocchézza per qualúnque siasi autóre, d'aspiráre all' approvazión generále.

Ceci montre clairement que ce qui plaît aux uns, peut déplaire aux autres; et que ce seroit une folie pour un auteur, quel qu'il soit, d'aspirer à l'approbation générale.

LEÇON II.

DE L'ARTICLE.

Les Italiens ont trois articles : *lo , il , la.*

L'art. *lo* se décline ainsi :

Singulier.

Nom. Lo , *le.*
Gén. Dello , *du.*
Dat. Allo , *au.*

Pluriel.

Nom. Gli , *les.*
Gén. Degli , *des.*
Dat. Agli , *aux.*

Acc. Lo , le.
Abl. Dallo , du.
Nello, dans le.
Collo, avec le.
Per lo, pour le.
Sullo, sur le.

Acc. Gli, les.
Abl. Dagli, des.
Negli, dans les.
Cogli, avec les,
Per gli, pour les.
Sugli, sur les.

Il se met devant les noms masculins, tant substantifs qu'adjectifs, qui commencent par une s
suivie d'une autre consonne.

EXEMPLE.

Singulier.

Nom. Lo specchio.
Gén. Dello specchio.
Dat. Allo specchio.
Acc. Lo specchio.
Abl. Dallo specchio.
Nello specchio.
Collo specchio.
Per lo specchio.
'Sullo specchio.

Nom. Le miroir.
Gén. Du miroir.
Dat. Au miroir.
Acc. Le miroir.
Abl. Du ou par le miroir.
Dans le miroir.
Avec le miroir.
Pour le miroir.
Sur le miroir.

Pluriel.

Nom. Gli specchj.
Gén. Degli specchj.
Dat. Agli specchj.
Acc. Gli specchj.
Abl. Dagli specchj.
Negli specchj
Cogli specchj.
Per gli specchj.
Sugli specchj (*).

Nom. Les miroirs.
Gén. Des miroirs.
Dat. Aux miroirs.
Acc. Les miroirs.
Abl. Des ou par les miroirs.
Dans les miroirs.
Avec les miroirs.
Pour les miroirs.
Sur les miroirs.

(*) Quelques-uns se servent aussi de l'article lo devant les
noms qui commencent par un z, comme lo zio, l'oncle, gli zii,
les oncles.

L'article *lo* se met aussi devant les noms masculins qui commencent par une voyelle ; mais on retranche la lettre *o*, et l'on y substitue une apostrophe.

EXEMPLE.

Singulier.	*Pluriel.*
Nom. L'amore , *l'amour.*	*Nom.* Gli amori, *les amours.*
Gén. Dell' amore , *de l'amour.*	*Gén.* Degli amori , *des amours.*
Dat. All' amore , *à l'amour.*	*Dat.* Agli amori , *aux amours.*
Acc. L'amore , *l'amour.*	*Acc.* Gli amori, *les amours.*
Abl. Dall' amore , *de ou par l'amour.*	*Abl.* Dagli amori , *des ou par les amours.*
Nell' amore , *dans l'amour.*	Negli amori , *dans les amours.*
Coll' amore , *avec l'amour.*	Cogli amori , *avec les amours.*
Per l'amore , *pour l'amour.*	Per gli amori , *pour les amours.*
Sull' amore , *sur l'amour.*	Sugli amori , *sur les amours.*

Gli, *degli*, *agli*, *dagli*, etc., ne s'élident que devant les noms qui commencent par un *i*, comme *gl'ingegni*, *degl'ingegni*, etc., *les talens*, *des talens*, etc.

L'article *il* se décline ainsi :

Singulier.	*Pluriel.*
Nom. Il. *Nom.* Le.	*Nom.* I *ou* li. *Nom.* Les.
Gén. Del. *Gén.* Du.	*Gén.* Dei *ou* de'. *Gén.* Des.
Dat. Al. *Dat.* Au.	*Dat.* Ai *ou* a'. *Dat.* Aux.
Acc. Il. *Acc.* Le.	*Acc.* I *ou* li. *Acc.* Les.
Abl. Dal. *Abl.* Du.	*Abl.* Dai *ou* da'. *Abl.* Des *ou* par les.
Nel , *dans le.*	Nei *ou* ne', *dans les.*
Col , *avec le.*	Co *ou* co', *avec les.*
Pel , *pour le.*	Pei *ou* pe', *pour les.*
Sul , *sur le.*	Sui *ou* su', *sur les.*

Cet article se met devant les noms masculins qui commencent par toute consonne, excepté l's suivie d'une autre consonne.

EXEMPLE.

Singulier.

Nom. Il libro.	Nom. Le livre.
Gén. Del libro.	Gén. Du livre.
Dat. Al libro.	Dat. Au livre.
Acc. Il libro.	Acc. Le livre.
Abl. Dal libro.	Abl. Du ou par le livre.
Nel libro.	Dans le livre.
Col libro.	Avec le livre.
Pel libro.	Pour le livre.
Sul libro.	Sur le livre.

Pluriel.

Nom. I libri.	Nom. Les livres.
Gén. Dei ou de' libri.	Gén. Des livres.
Dat. Ai ou a' libri.	Dat. Aux livres.
Acc. I libri.	Acc. Les livres.
Abl. Dai ou da' libri.	Abl. Des ou par les livres.
Nei ou ne' libri.	Dans les livres.
Coi ou co' libri.	Avec les livres.
Pei ou pe' libri.	Pour les livres.
Sui ou su' libri.	Sur les livres.

L'article la se décline ainsi :

Singulier.

Nom. La. Nom. La.	
Gén. Della. Gén. De la.	
Dat. Alla. Dat. A la.	
Acc. La. Acc. La.	
Abl. Dalla. Abl. De la	

Pluriel.

Nom. Le. Nom. Les.	
Gén. Delle. Gén. Des.	
Dat. Alle. Dat. Aux.	
Acc. Le. Acc. Les.	
Abl. Dalle. Abl. Des ou par les.	

Nella, *dans la.*
Colla, *avec la.*
Pella *ou* per la, *pour la.*
Sulla *ou* su la, *sur la.*

Nelle *ou* le, *dans les.*
Colle *ou* con le, *avec les.*
Pelle *ou* per le, *pour les.*
Sulle *ou* su le, *sur les.*

Cet article sert pour les noms féminins qui commencent par une consonne quelconque.

EXEMPLE.

Singulier.

Nom. La casa.
Gén. Della casa.
Dat. Alla casa.
Acc. La casa.
Abl. Dalla casa.
Nella casa.
Colla casa.
Pella casa.
Sulla casa.

Nom. *La maison.*
Gén. *De la maison.*
Dat. *A la maison.*
Acc. *La maison.*
Abl. *De la ou par la maison.*
Dans la maison.
Avec la maison.
Pour la maison.
Sur la maison.

Pluriel.

Nom. Le case.
Gén. Delle case.
Dat. Alle case.
Acc. Le case.
Abl. Dalle case.
Nelle case.
Colle case.
Pelle case.
Sulle case.

Nom. *Les maisons.*
Gén. *Des maisons.*
Dat. *Aux maisons.*
Acc. *Les maisons.*
Abl. *Des ou par les maisons.*
Dans les maisons.
Avec les maisons.
Pour les maisons.
Sur les maisons.

L'article *la* sert aussi pour les noms féminins qui commencent par une voyelle; mais alors on supprime la lettre *a*, et l'on met une apostrophe à la place.

EXEMPLE

Singulier.

Nom. L'anima.   Nom. L'ame.
Gén. Dell' anima.   Gén. De l'ame.
Dat. All' anima.   Dat. A l'ame.
Acc. L'anima.   Acc. L'ame.
Abl. Dell' anima.   Abl. De ou par l'ame.
Nell' anima.   Dans l'ame.
Coll' anima.   Avec l'ame.
Per l'anima.   Pour l'ame.
Sull' anima.   Sur l'ame.

Pluriel.

Nom. Le anime.   Nom. Les ames.
Gén. Delle anime.   Gén. Des ames.
Dat. Alle anime   Dat. Aux ames.
Acc. Le anime.   Acc. Les ames.
Abl. Dalle anime.   Abl. Des ou par les ames.
Nelle anime.   Dans les ames.
Colle anime.   Avec les ames.
Per le anime.   Pour les ames.
Sulle anime(*).   Sur les ames.

Observez qu'on fait l'élision de l'*e* dans l'article devant les noms qui commencent par un *e*; on dit *l'eminenze*, *l'esecuzioni*, *dell'eminenze*, *dell'esecuzioni*, etc., les éminences, les exécutions, des éminences, des exécutions, etc., et non pas *le eminenze*, *le esecuzioni*, *delle eminenze*, *delle esecuzioni*, etc. Il faut excepter les mots *effigie*, *estasi*, *enfasi*, *età*, *estremità*,

---

(*) Plusieurs écrivains, et surtout les poètes, emploient *con, lo, con l', con gli, con la, con le*, au lieu de *collo, coll', cogli colla, colle*.

effigie, extase, emphase, âge, extrémité, et quelques autres qui ont la même terminaison au singulier et au pluriel, et qui n'admettent point d'élision à l'article du pluriel, afin qu'on puisse distinguer le pluriel d'avec le singulier.

Si les prépositions *dans, avec, pour, sur* sont suivies des articles *du, de l', de la, des, de*, elles se rendent par *in, con, per, su,* ou *sopra*, sans exprimer les articles. Ex. Dans des pays étrangers, *in paesi stranieri ;* avec du pain et de l'eau, *con pane ed acqua ;* pour de l'argent, *per danaro,* etc.

Observez que les articles *du, de l', de la, des, de,* qui sont employés en français comme articles indéfinis dans le nominatif (sujet du discours), dans le datif (régime indirect), et dans l'accusatif (régime direct), se suppriment en italien.

Ex. *du nominatif: De bon pain et de bonne eau suffisent pour la nourriture du corps humain,* buon pane e buon' acqua bastano per la nutrizione del corpo umano: *De grands événemens et de grandes révolutions suivirent la mort de César,* grandi avvenimenti, e grandi rivoluzioni seguirono la morte di Cesare.

Ex. *du datif: Les gens de guerre sont souvent réduits à de mauvais pain, et à de mauvaise viande,* I soldati sono spesso ridòtti a cattivo pane, ed a cattiva carne. *Les personnes destinées à de grands emplois doivent se préparer à de fâcheuses disgrâces,* le persone destinate a grand' impieghi debbono prepararsi a dispiacevoli disgrazie.

Ex. *de l'accusatif: Pour bien écrire il faut employer de bon papier et de bonne encre,* per bene scrivere bisogna impiegare buona carta, e buon inchiostro. *Un discours n'est beau qu'autant qu'il contient de solides raisonnemens et de nobles expressions,* un discorso è bello in quanto che contiene solidi ragionamenti, e nobili espressioni.

L'article *du* s'exprime en italien quand il est pris dans un sens limité, comme *donnez-moi du pain,* datemi del pane, c'est-à-dire une partie, ou un peu de pain.

Les infinitifs des verbes et les adverbes sont quelquefois employés en italien, comme substanstifs, avec les articles, *il, lo, l'.* Ex. *Il cantare rallegra; lo scherzare è permesso, l'adulare è cosa vile,* le chant réjouit, le badinage est permis, la flatterie est une chose vile; mot à mot: le *chanter* réjouit, le *badiner* est permis, le *flatter* est une chose vile. *Io non so ne il quando, ne il come,* je ne sais ni quand, ni comment; mot à mot: je ne sais ni *le* quand, ni *le* comment.

Observations sur les articles.

On peut établir pour règle générale qu'en italien les articles sont employés devant les noms substantifs et adjectifs à peu près comme on les emploie en français.

En voici des exemples.

Les noms propres d'hommes, comme *Pietro,* Pierre, *Paolo,* Paul, *Andrea,* André, ne reçoivent pas d'article. On le met souvent devant les noms des femmes qui ont une certaine célébrité, et l'on dit *la Fiammetta*, *la Corilla*. On l'emploie aussi devant les surnoms et les noms de famille, comme *il Petrarca*, Pétrarque, *il Boccaccio*, Boccace, *il Tasso*, le Tasse, etc.

Les noms de villes en général n'admettent point d'article ; il faut excepter *il Cairo*, le Caire, *la Mirandola*, la Mirandole, *il Finale*, le Final, etc.

On met l'article devant les noms des montagnes, des lacs, des rivières, des provinces et des royaumes, lorsqu'on veut parler de toute la province, de toute la rivière, et de tout le royaume, ou d'une partie qu'on veut spécialement désigner.

On se sert de l'article devant les noms des personnes et des villes, lorsqu'elles ont un adjectif de qualité, ou un titre, comme *il grande Alessandro*, Alexandre le grand ; *il re Dario*, le roi Darius ; *l'antica Roma*, l'ancienne Rome ; *Atene la dotta*, Athènes la savante.

On excepte dans les noms de titre, *don*, dom, *madama*, madame, *santo*, saint. Au nom *Papa*, Pape, on peut donner ou refuser l'article.

THÈME II.

1. La physionomie est le miroir de l'âme.

2. La tranquillité de l'esprit est le comble de la félicité.

3. Le héros triomphe des ennemis ; le grand homme triomphe des ennemis et de lui-même.

4. La vertu est préférable aux richesses ; l'amitié à l'argent, et l'utilité aux plaisirs.

5. L'intérêt, le plaisir et la gloire sont les trois motifs des actions et de la conduite des hommes.

6. L'éducation est à l'esprit ce que la propreté est au corps.

7. L'hypocrisie est un hommage que le vice rend à la vertu.

8. De l'uniformité naît l'ennui, de l'ennui la réflexion, et de la réflexion le dégoût de la vie.

9. La sagesse de Socrate et la valeur d'Achille sont célèbres dans les ouvrages des poètes et des historiens

10. Les hommes ne sont constans ni dans l'amour ni dans la haine : ils ne sont constans que dans l'inconstance.

11. Il y a une éloquence dans les yeux et dans l'air de la personne, qui ne persuade pas moins que celle de la parole.

12 L'homme doit passer la première partie de sa vie avec les morts, la seconde avec les vivans, et la dernière avec lui-même.

13. Avec la prodigalité, vous serez généreux pendant quelque temps; avec la sage économie, vous serez généreux toute votre vie.

14. Le monde est plein d'ingrats : on vit avec des ingrats ; on travaille pour des ingrats; et l'on a toujours affaire à des ingrats.

VOCABULAIRE.

1 Physionomie, *fisonomia* f. est , *è*.

2. Tranquillité, *quiete* f. esprit, *spirito* m. comble, *colmo* m. félicité, *felicità* f.

3. Héros, *eroe* m. triomphe, *trionfa.* ennemis, *nemici* m. grand homme , *grand' uomo* m. et de lui-même , *e di se stesso.*

4. Vertu , *virtù* f. préférable, *preferibile.* richesses, *ricchezze* f. amitié, *amicizia* f. argent, *danaro* m. et , *e.* utilité, *utilità* f. plaisirs , *piaceri* m.

5. Intérêt, *interesse* m. plaisir, *piacere* m. gloire, *gloria* f. sont, *sono.* trois motifs , *tre motivi* m. actions, *azioni* f. conduite, *condotta* f. hommes, *uomini* m.

6. Éducation, *educazione* f. ce que, *ciò che.* propreté , *pulizia* f. corps, *corpo* m.

7. Hypocrisie, *ipocrisia* f. un hommage, *un omaggio.* que, *che.* vice, *vizio*, m. rend , *rende.*

8. Uniformité, *uniformità* f. naît , *nasce.* ennui, *noja* f. réflexion, *riflessione* f. dégoût, *disgusto* m. vie, *vita* f.

9. Sagesse, *saviezza* f. de Socrate, *di Socrate.* valeur, *valore* m. d'Achille, *d'Achille.* célèbres , *celebri.* ouvrages, *opere* f. poètes, *poeti* m. historiens, *istorici* m.

10. Hommes, *uomini* m. ne sont constans , *non sono costanti.* ni , *nè.* haine, *odio* m. ils ne sont constans que, *non son costanti che.* inconstance, *incostanza* f.

11. Il y a une éloquence, *vi é un' eloquenza.* yeux, *occhi* m. air, *aria* f. personne, *persona* f. qui ne persuade pas moins que celle, *che non persuade meno di quella.* parole, *parola* f.

12 Homme, *uomo* m. doit passer, *deve passare.* première partie, *prima parte* f. de sa vie, *della sua vita.* morts, *morti* m. seconde, *seconda* f. vivans, *vivi* m. dernière, *ultima* f. avec lui-même, *con se stesso.*

13. Prodigalité, *prodigalità* f. vous serez généreux pendant quelque temps, *sarete generoso per qualche tempo.* sage économie, *prudente economia* f. toute votre vie, *tutta la vostra vita.*

14. Monde, *mondo* m. plein d'ingrats, *pieno d'ingrati.* on vit, *si vive.* on travaille, *si travaglia.* et on a toujours affaire à des ingrats, *e si ha sempre da fare con ingrati.*

LEÇON III.

DES PRÉPOSITIONS APPELÉES *SEGNACASI*, SIGNES POUR LES CAS.

Ces prépositions sont *di* ou *d'*, *a* ou *ad*, et *da.* Elles répondent en français aux prépositions *de*, *d'*, et *à.*

On met les prépositions *di*, *a*, devant les noms qui commencent par une consonne, *d'* et *ad* devant ceux qui commencent par une voyelle. *Da* se met devant les consonnes et les voyelles pour distinguer le génitif de l'ablatif.

EXEMPLES:

Nom. Roma, *Rome.*	Nom. *Alessandro,* Alexandre.
Gén. Di Roma, *de Rome.*	Gén. *d'Alessandro*, d'Alexan.
Dat. A Roma, *à Rome.*	Dat. *Ad Alessandro*, à Alexan-
Abl. Da Roma, *de Rome.*	Abl. *Da Alessandro*, de *ou* par
	Alexandre.

On met les articles *il, la* devant les mots *Signore*, *Signora*, Monsieur, Madame ; comme Monsieur de Voltaire, *il Signor di Voltaire* ; Madame Riccoboni, *la Signora Riccoboni* ; de Monsieur de Voltaire, *del Signor di Voltaire*; de Madame Riccoboni, *della Signora Riccoboni*, etc. (*).

Les articles *le* ou *la* qui suivent en français *Monsieur* et *Madame*, se suppriment en italien ; et on se sert toujours de *il, la* avant *Signore, Signora*, comme: Monsieur le président, *il Signor presidente*; Madame la Princesse, *la Signora Principessa* ; de Monsieur le Président, *del Signor Presidente* ; de Madame la Princesse. *della Signora Principessa*, etc.

Au vocatif, c'est-à-dire, lorsqu'on adresse la parole à quelqu'un, on ne met point d'article devant *Signore* et *Signora*. Ex. Comment vous portez-vous, Monsieur? *come state, Signore?* Que dites-vous, Madame la Comtesse? *che dite, Signora Contessa?* etc.

Ce que j'ai dit du singulier doit s'appliquer également au pluriel.

(*) Observez qu'on retranche l'*e* dans *Signore*, toutes les fois qu'il est suivi d'un nom, à moins que le nom ne commence par une *s* suivie d'une consonne, comme *il signore Stefano*, Monsieur Étienne, etc. Il en est de même de *Monsignore*, Monseigneur.

Observez qu'avec le titre *Monsignore*, Monseigneur, on se sert des prépositions *di*, *a*, *da*, et on n'exprime pas en italien l'article qui suit *Monseigneur*; comme : Monseigneur l'Archevêque, *Monsignor Arcivescovo*; de Monseigneur l'Archevêque, *di Monsignor Arcivescovo*, etc.

Lorsque l'infinitif français, étant précédé de la préposition *de*, tient la place du nominatif ou de l'accusatif dans le discours, on peut exprimer cette préposition par les articles *il*, *lo*, *l'*. Ex. Il est utile de lire et d'étudier les bons auteurs, *è utile il leggere*, *e lo studiare i buoni autori*. Vous me défendez d'aller à la promenade, *voi mi vietate l'andare a spasso*.

A du, *à de la*, *à des*, *à de* s'expriment par la préposition *a* devant une consonne, et par *ad* devant une voyelle. Ex. Je parle à des étrangers, *parlo a forestieri*. Je m'adresse à des amis, *m'indirizzo ad amici*.

Par des se rend par la préposition *da*. Ex. Il a été dit par des hommes savans, *è stato detto da uomini dotti*.

Les adjectifs de dimension, tels que *haut*, *large*, etc., sont suivis en français de la préposition *de*, comme : haut de trois pieds, large de quatre doigts; mais en italien on supprime la préposition, et on dit *alto tre piedi*, *largo quattro dita*.

THÈME III.

1. Molière a pris d'Aristophane le comique; de

Plaute, le feu et l'activité : de Térence, la peinture des mœurs.

2. Qui se livre à des occupations frivoles devient incapable de grands desseins.

3. Le calme des passions donne souvent lieu à de meilleures réflexions.

4. Il est difficile de railler les absens sans'en médire, et les présens sans les offenser.

5. Alexandre disoit souvent : je ne suis pas plus redevable à Philippe mon père qu'à Aristote mon Précepteur : si je dois à l'un la vie, je dois à l'aut   la vertu.

6. Le siècle de Louis XIV, écrit par Monsieur de Voltaire, est plutôt l'histoire de l'esprit et des mœurs, que le récit des batailles.

7. On doit à Monsieur le président Hénault la plus courte et la meilleure histoire de France.

8. Le condor est un oiseau de proie du Pérou, haut de seize pieds cinq pouces ; et ses ailes déployées sont larges de trente-deux pieds sept pouces.

VOCABULAIRE.

1. A pris, *ha preso.* Aristophane, *Aristofane.* comique, *comico* m. Plaute, *Plauto.* feu, *fuoco* m. et, e. activité, *attività* f. Térence, *Terenzio.* peinture, *pittura* f. mœurs, *costumi* m.

2. Qui se livre, *chiunque s'abbandona*, occupations frivoles, *occupazioni frivole.* devient incapable, *diviene incapace.* grands desseins, *grand' imprese.*

3. Calme, *calma* f. passions, *passioni* f. donne souvent lieu, *dà spesso luogo.* meilleures réflexions, *migliori riflessioni.*

4. Il est difficile, *è difficile.* railler, *dileggiare.* absens, *assenti* m. sans en médire, *senza dirne male.* présens, *presenti* m. sans les offenser, *senz'offenderli.*

5. Disoit souvent, *diceva spesso.* je ne suis pas plus redevable, *non sono più tenuto.* Philippe mon père, *Filippo mio padre.* que, *che.* Aristote mon précepteur, *Aristotele mio precettore.* Si je dois, *se debbo.* un, *uno.* vie, *vita* f. autre, *altro.* vertu, *virtù* f.

6. Siècle, *secolo* m. Louis XIV, *Luigi decimoquarto.* écrit, *scritto.* est plutôt, *è piuttosto.* histoire, *storia* f. esprit, *spirito.* que *che.* récit. *racconto* m. batailles, *battaglie* f.

7. On doit, *si deve.* président, *presidente.* plus courte, *più corta* f. meilleure, *migliore* f. France, *Francia.*

8. Condor, *condore* m. un oiseau, *un uccello.* proie, *rapina* f. Pérou, *Perù* m. seize pieds, *sedici piedi.* cinq pouces, *cinque pollici.* ses ailes déployées, *le sue ali distese.* sont larges, *sono larghe.* trente-deux, *trenta due.* sept, *sette.*

LEÇON IV.

RÈGLES POUR FORMER LE PLURIEL DES NOMS.

Règle 1re. Tous les noms féminins terminés en *a*, ont le pluriel en *e* : *donna*, femme, *donne*, femmes.

2. Tous les noms masculins terminés en *a* ont le pluriel en *i* : *Scita*, Scythe, *Sciti*, Scythes.

3. Tous les noms masculins terminés en *o* ont le pluriel en *i* : *maestro*, maître, *maestri*, maîtres.

4. Tous les noms terminés en *e* ont le pluriel en *i*, *Padre*, père, *padri*, pères, *madre*, mère, *madri* : mères.

5. Tous les noms terminés en *i* conservent la même terminaison au pluriel : *metropoli*, métropole, *metropoli*, métropoles.

6. Les monosyllabes, et les noms qui ont un accent sur la dernière syllabe, ne changent pas de terminaison au pluriel. *Piè*, pied ; *re*, roi ; *gru*, grue ; *città*, ville ; *virtù*, vertu ; et l'on dit : *i pie*, les pieds ; *ire*, les rois ; *le gru*, les grues ; *le città*, les villes ; *le virtù*, les vertns.

7. Les noms terminés en *ie* conservent la même terminaison au pluriel. *La serie*, la série, *le serie* les séries ; *la specie*, l'espèce, *le specie*, les espèces.

Il y a des noms en *co* et en *go* qui finissent au pluriel en *ci* et *gi* ; et d'autres qui se terminent en *chi* et en *ghi*.

Sur ces terminaisons on ne peut établir des règles fixes. Ce n'est que l'usage qui peut en faire connoître l'emploi différent :

Exemples des deux terminaisons

En ci : *medico*, médecin, *medici*, médecins ; *amico*, ami, *amici*, amis ; *monoco*, moine, *monaci*, moines ;

B

porco, pourceau, *porci*, pourceaux ; *greco*, grec, *greci*, grecs.

En GI : *astrologo*, astrologue, *astrologi*, astrologues *teologo*, théologien, *teologi*, théologiens.

En CHI : *ricco*, riche, *ricchi*, riches ; *antico*, ancien, *antichi*, anciens ; *parroco*, curé, *parrochi*, curés.

En GHI : *obbligo*, obligation, *obblighi*, obligations ; *castigo*, châtiment, *castighi*, châtimens.

8ᵉ Règle. Tous les noms féminins terminés en *ca* et *ga*, prennent une *h* au pluriel: *amica*, amie, *amiche*, amies ; *lega*, ligue, *leghe* ligues.

Exceptions aux règles précédentes.

Moglie, femme, fait au pluriel *mogli*, femmes.

Mille fait *mila* au pluriel : mille écus, *mille scudi*, deux mille écus, *due mila scudi* ; *bue*, bœuf, fait au pluriel *buoi*.

Uomo, homme, fait au pluriel *uomini*, et non pas *uomi*.

Dio ou *Iddio*, Dieu (*), fait au pluriel *Dei*, et prend l'article *gli*; comme : les Dieux, *gli Dei*, des Dieux, *degli Dei*, etc.

Mio, *tuo*, *suo*, mon, ton, son, *ou* mien, tien, sien, font au pluriel *miei*, *tuoi*, *suoi*.

Les noms terminés en *jo*, comme *librajo*, *lavato-jo*, etc., libraire, lavoir, etc., perdent l'*o* au pluriel, et font *libraj*, *lavatoj*.

Les noms qui finissent en *io* changent *io* en *j* au

_____

(*) *Iddio* ne se dit qu'au nominatif.

pluriel ; comme *tempio*, temple, *tempj*, temples ;
principio, principe, *principj*, principes, etc. Cependant, si la finale *io* est précédée de *c, ch, g, gl*, on
peut la changer en un simple *i* pour former le pluriel ; comme *l'impaccio*, l'embarras, *gl'impacci*, les
embarras ; *l'occhio*, l'œil, *gli occhi*, les yeux ; *il raggio*, le rayon, *i raggi*, les rayons (*) ; *il figlio*, le
fils , *i figli*, les fils. Observez que lorsque les noms
terminés en *io* ont l'accent sur l'*i*, soit marqué, soit
sous-entendu, comme *natio*, *cicalio*, etc., natif, ba-
bil , etc., ils font au pluriel *natii*, *cicalii*, etc.

Il y a quelques noms masculins terminés en *o* au
singulier, qui prennent au pluriel la terminaison en
a avec l'article du féminin ; ce sont *il centinajo*, la
centaine ; *il migliajo*, le millier ; *il miglio*, le mille ;
il moggio, le muid ; *lo stajo*, le boisseau ; *il pajo*, la
paire ; *l'uovo*, l'œuf, qui font au pluriel *le centinaja*,
le migliaja, *le miglia*, etc.

Il y a d'autres noms masculins terminés en *o* au
singulier, qui peuvent se terminer en *i* ou en *a* au pluriel. Lorsqu'ils se terminent en *i*, ils prennent l'article
du masculin ; quand ils se terminent en *a*, ils pren
nent l'article du féminin. Ce sont les suivans :

Singulier.	*Pluriel.*
Anello, anneau ,	*gli anelli* et *le anella*.
Braccio, bras ,	*i bracci* et *le braccia*.

(*) *Beneficio*, bienfait, *regio*, royal , font *beneficj* et *regj* au
pluriel.

Budello, boyau,	*i budelli* et *le budella.*
Calcagno, talon,	*i calcagni* et *le calcagna*
Carro, chariot,	*i carri* et *le carra.*
Castello, château,	*i castelli* et *le castella.*
Ciglio, sourcil,	*i cigli* et *le ciglia.*
Corno, corne,	*i corni* et *le corna.*
Dito, doigt,	*i diti* et *le dita.*
Filo, fil,	*i fili* et *le fila.*
Fondamento, fondement,	*i fondamenti* et *le fonda menta.*
Frutto, fruit,	*i frutti* et *le frutta* (*).
Fuso, fuseau,	*i fusi* et *le fusa.*
Ginocchio, genou,	*i ginocchi* et *le ginocchia*
Grido, cri,	*i gridi* et *le grida.*
Labbro, lèvre	*i labbri* et *le labbra.*
Lenzuolo, drap de lit,	*i lenzuoli* et *le lenzuola.*
Membro, membre,	*i membri* et *le membra* (**)
Muro, mur,	*i muri* et *le mura* (***).
Osso, os,	*gli ossi* et *le ossa.*

(*) *Frutto* fait au pluriel *i frutti*, ou *le frutta*, lorsqu'il est question des fruits des arbres; mais lorsqu'on prend ce mot dans un sens général ou figuré, on dit toujours, *i frutti* au pluriel; comme *i frutti della terra*, les fruits de la terre, *i frutti della fatica*, les fruits du travail.

(**) *Membro* fait au pluriel *i membri* ou *le membra*, en parlant des parties du corps; mais en parlant des personnes qui composent une société quelconque, comme un parlement, etc., il faut dire au pluriel *i membri*.

(***) On ne dit guère *le mura* qu'en parlant des murs d'une forteresse.

Pomo, pomme ,	*i pomi* et *le poma.*
Sacco. sac ,	*i sacchi* et *le sacca .*
Strido, cri ,	*gli stridi* et *le strida.*
Vestimento, vêtement ,	*i vestimenti* et *le vesti-menta.*

THÈME IV.

1. Les anciens Romains méprisoient les richesses, et les mollesses de la vie.

2. L'homme, qui habite aujourd'hui les villes, vivoit autrefois dans les forêts. Les prés et les vallées étoient ses promenades ; il avoit pour nourriture les fruits de la terre: le ramage des oiseaux flattoit ses oreilles.

3. La seconde moitié de la vie d'un homme est employée à se défaire des folies, des préjugés et des fausses opinions qu'il a contractées dans la première.

4. Un étranger dit autrefois du sénat de Rome : j'ai vu une assemblée de rois.

5. C'est en vain que les riches méchans ou inutiles se logent, comme des Dieux, dans des temples magnifiques : ils n'y seront point adorés s'ils ne s'y montrent bienfaisans.

6. Le solide honneur n'est point variable: il ne dépend ni des temps, ni des lieux, ni des préjugés ; il a sa source éternelle dans la règle inaltérable de ses devoirs.

7. La grandeur et les richesses sont des choses caduques, et communes aux bons et aux méchans; la

gloire et la vertu sont des choses solides, sûres, et durables.

8. L'amitié est un contrat tacite entre deux personnes vertueuses: je dis vertueuses, car les méchans n'ont que des complices, les voluptueux ont des compagnons de débauche, les intéressés ont des associés, les politiques assemblent des factieux, le commun des hommes oisifs a des liaisons, les princes ont des courtisans, les hommes vertueux ont seuls des amis.

VOCABULAIRE.

1. Ancien, *antico*, m. romain, *romano* m. méprisoient, *disprezzavano*. richesse, *ricchezza* f. mollesse, *mollezza* f. vie, *vita* f.

2. Homme, *uomo* m. qui habite aujourd'hui, *che abita oggidì*. ville, *città* f. vivoit autrefois, *viveva altre volte*. forêt, *selva* f. pré, *prato*, m. vallée, *valle* f. étoient, *erano*. ses, *le sue*. promenade, *passeggiata* f. il avoit pour nourriture, *aveva per cibo*. fruit, *frutto* m. terre, *terra* f. ramage, *canto*, m. oiseau, *uccello* m. flattoit, *dilettava*. oreille, *orecchia* f.

3. Seconde moitié, *seconda metà* f. un, *un*. est employée, *è impiegata*. à se défaire, *a liberarsi*. folie, *pazzia* f. préjugé, *pregiudizio* m. fausse opinion, *falsa opinione* f. qu'il a contractées, *che ha contratte*. première, *prima* f.

4. Un étranger dit autrefois, *un forestiere disse una volta*. sénat, *senato* m. j'ai vu une assemblée, *ho veduto un' adunanza*. roi *re*.

5. C'est eu vain que , *in vano.* riche, *ricco* m. méchant, *cattivo* m. ou , *o.* inutile , *inutile.* se logent comme, *abitano come.* dieu, *dio* m. dans, *in.* temple , *tempio* m. magnifique, *magnifico.* Ils n'y seront point, *non vi saranno.* adorés , *adorati.* s'ils ne s'y montrent, *se non vi si mostrano.* bienfaisant, *benefico.*

6. Solide honneur, *vero onore* m. n'est point variable, *non è variabile.* il ne dépend ni , *non dipende nè.* temps, *tempo* m. lieu, *luogo* m. préjugé, *pregiudizio* m. il a sa source éternelle, *ha la sua sorgente eterna.* règle inaltérable , *regola inalterabile* f. de ses *de' suoi.* devoir, *dovere,* m.

7. Grandeur, *grandezza* f. richesse , *ricchezza* f. sont, *sono.* chose, *cosa* f. caduque, *caduca.* commune, *comune.* bon, *buono* m. gloire , *gloria* f. vertu, *virtù* f. solide, *solida.* sûre , *sicura.* durable , *durevole.*

8. Amitié, *amicizia* f. est un contrat tacite, *è un contratto tacito.* entre deux, *fra due.* personne, *persona* f. vertueuse, *virtuosa.* je dis, *dico.* car , *poichè.* méchant, *malvagio* m. n'ont que, *non hanno che.* complice, *complice.* voluptueux , *voluttuoso* m. compagnon, *compagno* m. débauche , *dissolutezza* f. intéressé, *interessato* m. associé, *associato* m. politique, *politico* m. assemblent, *radunano.* factieux, *fazioso.* commun, *maggior parte* f. oisif, *ozioso.* a *ha.* liaison , *aderenza* f. prince, *principe* m. courtisan, *cortigiano* m. vertueux, *virtuoso.* seul, *solo* ami, *amico* m.

LEÇON V.

RÈGLES POUR CONNOÎTRE LE GENRE DES NOMS.

Les italiens ont deux genres, le masculin et le féminin. **Les noms en *a* sont féminins.**

Les noms propres d'hommes, comme *Andrea*,
Anassagora, etc., André, Anaxagore, etc.; les noms
de dignités et de professions appartenant aux hommes,
comme *papa*, *monarca*, *legista*, etc., pape, monarque, jurisconsulte, etc., et les noms suivans, dérivés du grec, sont du genre masculin.

Anagramma, Anagram-
[me
Anatema, anathème.
Apotegma, apophtegme.
Assioma, axiome.
Clima, climat.
Diadema, diadème.
Dilemma, dilemme.
Diploma, diplome.
Dogma, dogme.
Dramma, drame.
Emblema, emblème.
Enigma, énigme.
Epigramma, épigramme.
Fantasma, spectre

Idioma, idiome.
Idiota, idiot.
Pianeta, planète.
Poema, poème.
Prisma, prisme.
Problema, problème.
Programma, programme.
Scisma, schisme.
Sistema, système
Sofisma, sophisme.
Stemma, armoiries.
Stratagenma, stratagème.
Tema, thème (*).
Teorema, théorème.

(*) Quand *tema* signifie *crainte*, il est féminin.

Les substantifs terminés en *me*, comme *costume*, coutume, *rame*, cuivre, etc., sont masculins; excepté *la fame*, la faim; *la speme*, l'espérance (*).

Les substantifs qui finissent en *re*, comme *timore*, crainte, *ardire*, hardiesse, etc., sont aussi masculins, excepté *la madre*, la mère; *la febbre*, la fièvre; *la torre*, la tour; *la polvere*, la poudre *ou* la poussière; *la cenere*, la cendre; *la scure*, la hache; *la coltre*, la couverture. Il y en a trois qui sont des deux genres: *il* ou *la folgore*, la foudre; *il* ou *la lepre*, le lièvre: *il* ou *la carcere*, la prison.

Les substantifs terminés en *nte*, comme *dente*, dent; *ponte*, pont, etc., sont pareillement du genre masculin; excepté *la gente*, le monde ou les gens; *la mente*, l'esprit; *la sorgente*, la source; *la corrente*, le courant de l'eau. Il y en a quatre qui ont les deux genres: *il fante*, le valet; *la fante*, la servante; *il* ou *la fronte*, le front (**); *il* ou *la fonte*, la fontaine; *il parente*, le parent; *la parente*, la parente.

Les autres substantifs italiens terminés en *e* ont ordinairement le même genre que les noms français qui y correspondent. Il faut en excepter quelques-uns, dont voici les principaux et les plus usités.

L'arte, f. l'art.	*Il cannocchiale*, m. la
La botte, f. le tonneau.	lunette d'approche.

(*) *Speme* est poétique; en prose on dit *speranza*.

(**) *La fronte* est plus usité que *il fronte*.

B*

Il colle, m. la colline.

Il cortile, m. la cour.

Il covile, m. la tanière.

La disperazione, f. le désespoir.

La face, f. le flambeau.

La fenice, f. le phénix.

Le forbici, f. pl. les ciseaux.

Il fulmine, m. la foudre.

Il guiderdone, m. la récompense.

Il limite, m. la limite.

La lite, s. le procès.

La nave, f. le vaisseau.

La palude, le marais (*)

Il paragone, m. la comparaison.

La pigione, f. le loyer.

La quiete, f. le repos.

La rete, f. le filet.

La rupe, f le rocher.

La salute, le salut.

La sorte, f. le sort, le bonheur.

La state, f. l'été.

La strage, f. le massacre

Il viale, m. l'allée d arbres.

La volpe, f. le renard.

N. B. Tous les augmentatifs en *one* sont masculins; comme *il torrione*, la grande tour, etc. Voyez Leçon VII.

Les substantifs terminés en *i* sont du genre féminin, excepté *il Tamigi*, la Tamise; *il barbagianni*, le hibou; *il brindisi*, la santé (**); *il dì*, le jour, et ses composés; comme *il lunedì*, le lundi; *il martedì*, le mardi, etc.

Les noms propres d'hommes terminés en *i*, comme *Dionigi*, Denis, *Luigi*, Louis, etc., sont aussi

(*) On trouve quelquefois *palude* au masculin, mais rarement.

(**) Salutation qu'on fait en buvant.

masculins. Il en est de même des noms de dignités et de professions appartenant aux hommes, comme *il Balì*, le Bailli ; *il cavadenti*, le dentiste, etc.

Les noms terminés en *o* sont du genre masculin, excepté *la mano*, la main (*).

Les noms propres de femmes qui finissent en *o*, comme *Saffo*, Sapho, sont aussi du genre féminin.

La langue italienne a fort peu de noms en *u*. Ils sont tous féminins, excepté *il Perù*, le Pérou, et quelques noms propres d'hommes, comme *Esaù*, Esaü, etc.

Pour le genre des adjetifs, voyez la Leçon VI.

THÈME V.

1. Je lis avec plaisir les vers que la charmante Laure inspiroit au tendre Pétrarque.

2. Homère est censé le père de l'épopée ; Eschyle, de la tragédie ; Esope, de l'apologue ; Pindare, de la poésie lyrique, et Théocrite, de la poésie pastorale.

3. L'espérance est le songe d'un homme éveillé.

4. Les habitans de Gadara honoroient la pauvreté d'un culte particulier ; ils la regardoient comme la mère de l'industrie et des arts.

5. Palamède inventa le jeu des échecs au siége de Troie, tant pour servir de divertissement aux soldats, que pour leur apprendre les ruses de la guerre.

(*) Il y a quelques mots poétiques en *o*, tels que *Cartage, immago, vorago, testudo*, pour *Cartagine, immagine, voragine, testudine*, Carthage, image, abime, tortue, qui sont du genre féminin.

6. Le renard est le symbole de la ruse et de la subtilité.

7 Les passions sont des tyrans artificieux, qui chargent de chaînes, et livrent aux plus cruels tourmens ceux qu'ils ont séduits par l'appât de la liberté et des plaisirs.

8. La pompe des paroles, les métaphores, un style majestueux, sont, généralement parlant, le caractère des écrivains espagnols; la force, l'énergie, la hardiesse sont plus particulières aux Anglais; ils sont surtout amoureux des allégories et des comparaisons

9 La récompense du mérite ne doit jamais être le prix de l'intrigue.

10. Le diamant tombé dans un fumier n'en est pas moins précieux; et la poussière que le vent élève jusqu'au ciel n'en est pas moins vile.

11. Le contentement est le plus grand des biens, et le fondement de tous les autres.

VOCABULAIRE.

1. Je lis, *leggo*. avec plaisir, *con piacere*. vers, *verso* m. que, *che*. charmante, *vezzosa*. Laure, *Laura*. inspiroit, *inspirava*. tendre, *tenero* m. Pétrarque, *Petrarca*

2. Homère, *Omero*. est censé, *è riputato*. père, *padre*. épopée, *epopeja* f. Eschyle, *Eschilo*. tragédie, *tragedia*. Esope, *Esopo*. apologue, *apologo*. Pindare, *Pindaro*. poésie lyrique, *poesia lirica*. Théocrite, *Teocrito*. pastorale, *pastorale*.

3. Espérance , *speme* f. songe , *sogno* m. un *,omme* éveillé , *un uomo svegliato.*

4. Habitant, *abitante* m. honoroient , *onoravano.* pauvreté , *povertà* f. d'un culte particulier , *con un culto particolare.* ils la regardoient comme , *la consideravano come.* mère, *mádre* industrie, *industria.* art , *arte* f.

5. Inventa, *inventò.* jeu, *giuoco* m. échecs , *scacchi.* siège , *assedio.* Troie, *Troja.* tant pour servir *tanto per servire.* divertissement, *divertimento.* soldat , *soldato.* que pour leur apprendre , *che per insegnar loro.* ruse, *stratagemma* m. guerre , *guerra.*

6. Renard , *volpe* f. symbole , *simbolo.* ruse , *astucia.* subtilité , *sottigliezza.*

7. Passion, *passione* f. sont , *sono.* tyran , *tiranno* artificieux, *artifizioso.* qui chargent , *che caricano* chaîne , *catena.* et livrent , *e abbandonano.* plus , *più.* cruel , *crudele.* tourment , *tormento* m. ceux , *coloro.* qu'ils ont , *che hanno.* séduit, *sedotto.* par l' (tournez *avec l'*) appât , *esca.* liberté , *libertà.* plaisir, *piacere* m.

8. Pompe , *pompa.* parole , *parola.* métaphore, *metafora.* un style majestueux, *uno stile maestoso.* sont , généralement parlant, *sono , generalmente parlando.* caractère , *carattere.* écrivain , *scrittore.* espagnol , *spagnuolo.* force , *forza.* énergie , *energia.* hardiesse , *ardire* m. particulière , *particolare.* anglais, *inglese.* ils sont sur-tout, *sono sopra tutto.* amoureux , *amante.* allégorie , *allegoria.* comparaison , *similitudine.*

9. Récompense, *guiderdone* m. mérite, *merito*,
ne doit jamais être, *non deve mai essere.* prix, *pre-*
mio. intrigue, *intrigo.*

10. Diamant, *diamante.* tombé, *caduto.* dans un
fumier, *in un letamajo.* n'en est pas moins précieux,
non è meno prezioso. poussière, *polvere.* vent, *vento*
élève jusques, *alza fino.* ciel, *cielo.* vile, *vile.*

11. Contentement, *contentezza.* plus grand, *mag-*
giore. bien, *bene.* fondement, *fondamento.* tout,
tutto. autre, *altro.*

LEÇON VI.

DES ADJECTIFS.

Les adjectifs terminés en *o* servent pour le masculin ; comme *bello, dotto,* beau, savant. On change
l'*o* en *a* pour former le féminin ; comme *bella, dotta,*
belle, savante, etc. (*)

Les adjectifs qui finissent en *e* ou en *i* servent pour
les deux genres ; comme *un uomo prudente,* un
homme prudent ; *una donna prudente,* une femme
prudente ; *un giorno dispari,* un jour impair ; *una*
giornata dispari, une journée impaire.

Pour former le pluriel des adjectifs on n'a qu'à
suivre les règles que j'ai données à la Leçon IV, sur
la formation du pluriel des noms en général.

(*) *Mezzo,* demi, s'accorde avec le substantif lorsqu'il le précède, et il est invariable lorsqu'il le suit. *Una mezza libbra,* une
demi-livre ; *una libbra e mezzo,* une livre et demie.

Les mots *combien*, *beaucoup*, *tant*, *autant*, *trop*, *peu*, suivis de la préposition *de* et d'un nom, se rendent en italien par les mots *quanto*, *molto*, *tanto*, *troppo*, *poco*, qui ne prennent point de préposition, deviennent adjectifs, et s'accordent avec le substantif. Ex. Combien de temps, *quanto tempo*; combien de distance, *quanta distanza*; combien de soldats, *quanti soldati*; combien de voitures, *quante carrozze* (*); beaucoup de plaisir *ou* bien du plaisir, *molto piacere*; beaucoup de peine *ou* bien de la peine, *molta pena*; beaucoup d'hommes *ou* bien des hommes, *molti uomini*; beaucoup de femmes *ou* bien des femmes, *molte donne*; tant *ou* autant d'argent, *tanto danaro*; tant *ou* autant de livres, *tanti libri*, trop d'étude, *troppo studio*; trop d'ennemis, *troppi nemici*; peu d'esprit, *poco spirito*; peu d'amis, *pochi amici*, etc.

Les mots *assez*, *plus*, *moins*, suivis de la préposition *de*, et d'un nom, se rendent par *assai*, *più*, *meno*, sans exprimer la préposition. Ex. Assez de femmes, *assai donne*; plus d'hommes, *più uomini*; moins d'enfans, *meno fanciulli*. Observez que les mots *assai*, *più*, *meno* sont invariables.

Si après *plus*, *moins*, il y a un nom de nombre,

(*) *Que*, particule d'admiration, signifiant *combien*, se rend aussi par *quanto*, *quanti*, *quanta*, *quante* : que de voitures on rencontre dans les rues de Paris ! *quante carrozze s'incontrano nelle strade di Parigi !*

ou exprime en italien la préposition *de*, et on la rend par *di* : plus de deux ans, *più di due anni ;* en moins de trois minutes, *in meno di tre minuti.*

Plus de, *moins de* peuvent s'exprimer par *maggiore*, *minore*, lorsqu'ils signifient *plus grand* ou *plus grande ; plus petit*, *plus petite*, ou *moindre.* Ex. Avec plus de facilité, *con maggior facilità ;* avec moins de danger, *con minor pericolo.*

Un peu de se rend par *un poco di.* Un peu de pain, *un poco di pane ;* un peu de viande, *un poco di carne.* De même *un peu plus de*, *un peu moins de*, s'expriment par *un poco più di*, *un poco meno di.* Ex. Un peu plus de courage, *un poco più di coraggio ;* un peu moins de timidité, *un poco meno di timidezza.*

THÈME VI.

1. Un juge intègre, instruit et désintéressé, une femme jolie, jeune, vertueuse et complaisante, et un ami discret, sincère et prévenant, sont rares, mais ce sont des trésors précieux qui existent, et que l'on peut trouver.

2. Ceux qui gouvernent sont comme les corps célestes qui ont beaucoup d'éclat, et n'ont point de repos.

3. La victoire est glorieuse, quand elle se borne a dompter un ennemi ; mais elle devient odieuse, quand elle opprime des malheureux.

4. Il faut beaucoup d'esprit pour soutenir le personnage de railleur, et peu de bon sens pour l'entreprendre.

5. On ne donne rien si libéralement, et avec *plus* de facilité, que les conseils.

6. Inexplicables humains, comment pouvez-vous réunir tant de bassesse et de grandeur, tant de vertus et tant de vices?

7. Celui qui sait renoncer à l'ambition, se délivre en un moment de bien des peines, de bien des veilles, et quelquefois de bien des crimes.

8. Un philosophe de la Grèce, interrogé sous quel gouvernement les hommes pouvoient vivre avec plus de sûreté et moins de danger, répondit : Sous celui où la vertu trouve beaucoup d'amis, et où le vice trouve peu de partisans, ou n'en a aucun.

VOCABULAIRE.

1. Un juge, *un giudice.* intègre, instruit, désintéressé, *integro, instrutto, disinteressato.* une femme, *una donna.* joli, *bello.* jeune, *giovine.* vertueux, *virtuoso.* complaisant, *compiacente.* et un ami discret, sincère et prévenant, *e un amico discreto, sincero cortese.* sont, *sono.* rare, *raro.* mais ce sont, *ma sono.* trésor, *tesoro.* précieux, *prezioso.* qui existent, et que l'on peut trouver, *che esistono, e che si possono trovare.*

2. Ceux qui gouvernent sont comme, *quelli che governano sono come.* corps, *corpo.* céleste, *celeste.* qui ont, *che hanno.* éclat, *splendore* m. et n'ont point de repos, *e non hanno alcun riposo.*

3. Victoire, *vittoria.* est, *è.* glorieux, *glorioso*

quand elle se borne à dompter un ennemi, *quando si limita a domare un nemico.* mais elle devient, *ma diventa.* odieux, *odioso.* quand elle opprime, *quando opprime.* malheureux, *infelice.*

4. Il faut, *ci vuole.* esprit, *spirito.* pour soutenir, *per sostenere.* personnage, *parte* f. railleur, *motteggiatore.* bon sens, *senno.* pour l'entreprendre, *per intraprenderla.*

5. On ne donne rien si libéralement, *non v'è cosa che si dia tanto liberalmente.* avec, *con.* facilité, *facilità.* que, *quanto.* conseil, *consiglio.*

6. Inexplicable humain, *mortale inesplicabile.* comment pouvez-vous réunir, *come potete unire.* bassesse, *bassezza.* grandeur, *grandezza.* vertu, *virtù.* vice, *vizio.*

7 Celui qui sait renoncer, *chi sa rinunziare.* ambition, *ambizione* f. se délivre en un moment, *si libera in un momento.* peine, *pena.* veille, *vigilia.* quelquefois, *qualche volta.* crime, *delitto.*

8. Un philosophe, *un filosofo.* Grèce, *Grecia.* interrogé, *interrogato.* sous quel gouvernement, *sotto qual governo.* homme, *uomo.* pouvoient vivre avec, *votevano vivere con.* sûreté, *sicurezza.* danger, *pericolo.* répondit, sous celui où, *rispose, sotto quello in cui.* vertu, *virtù.* trouve. *trova.* ami, *amico.* vice, *vizio.* partisan, *seguace.* ou n'en a aucun, *o non ne ha alcuno.*

LEÇON VII.

DES AUGMENTATIFS ET DES DIMINUTIFS.

Les substantifs et les adjectifs employés comme substantifs, peuvent devenir augmentatifs et diminutifs.

Les augmentatifs terminés en *one* et *ona*, marquent une idée de grandeur et de grosseur : *braccio* bras, *braccione*, grand ou gros bras ; *donna*, femme *donnona*, grande ou grosse femme ; *casa*, maison *casona*, grande maison.

Les augmentatifs terminés en *otto* (*) et *otta*, expriment une idée de vigueur et de force : *giovine*, jeune, *giovinotto*, jeune homme vigoureux ; *giovine*, jeune, *giovinotta*, jeune femme robuste ; *vecchio*, vieux, *vecchiotto*, vieillard robuste ; *vecchia*, vieille, *vecchiotta*, vieille robuste ; *toro*, taureau, *torotto*, taureau robuste.

Les augmentatifs terminés en *accio*, *accia* et *azzo*, marquent une idée de mépris : *corpo*, corps, *corpaccio*, vilain corps ; *popolo*, peuple, *popoluccio* ou *popolazzo*, populace *ou* vilain peuple.

Les diminutifs en *ino, ina, etto, etta, ello, ella, erello, erella*, marquent une certaine grâce, ou gentillesse,

---

(*) Cette observation avoit été négligée par la plupart de nos grammairiens. P.

comme *fanciullo*, enfant, *fanciullino*; petit enfant; *fanciulla*, enfant, *fanciullina*, petite enfant; *fiore*, fleur, *fiorellino*, petite fleur, autrefois fleurette; *cane*, chien, *cagnuolino*, joli petit chien; *carro*, char, *carretto*, petit char; *fiume*, rivière, *fiumicello*, petite rivière; *pianta*, plante, *pianticella*, petite plante; *vecchio*, vieux, *vecchierello*, petit vieillard, *vento*, vent, *venterello*, petit vent.

Les diminutifs en *uccio*, *upola*, *aglia*, *ame*, *icciatto*, *icciuola*, marquent le mépris: *uomo*, homme, *omuccio*, petit homme vilain; *casa*, maison, *casupola*, petite vilaine maison; *soldato*, soldat, *soldataglïa*, soldatesque; *gente*, gens, *gentame*, un amas de gens; *uomo*, homme, *omicciatto*, petit vilain homme; *donna*, femme, *donnicciuola*, petite vilaine femme.

Toutes les fois que, pour former des diminutifs, on substitue à la dernière voyelle des mots terminés en *co*, *go*, *ca*, *ga*, les terminaisons qui commencent par *e* ou *i*, telles que *ino*, *etto*, *ello*, *ina*, *etta*, *ella*, etc., il faut ajouter une *h* après le *c* ou le *g*, comme *fresco*, frais, *freschetto*, un peu frais; *fresca*, fraîche, *freschetta*, un peu fraîche; *largo*, large, *larghetto*, *larghetta*, un peu large, etc.

Observez que plusieurs noms féminins en *a*, qui expriment des choses inanimées, comme *la tavola*, la table; *la camera*, la chambre, etc., deviennent masculins au diminutif; et font *il tavolino*, la petite table; *il camerino*, la petite chambre, etc.

On trouve quelquefois des diminutifs de diminutifs; comme *uccellettino*, de *uccelletto*, petit oiseau ; *cosettina*, de *cosetta*, petite chose, etc.

THÈME VII.

1. Un grand chapeau sur la tête, un gros livre sous le bras, de grandes lunettes sur le nez, de gros et vilains souliers aux pieds, voilà le portrait d'un pédant.

2. J'ai été voir le fameux poète dans sa petite chambre, où deux chaises, un lit et une petite table composent tous ses meubles.

3. Personne n'est plus digne de l'assistance des gens riches, qu'un pauvre petit vieillard, et une pauvre petite vieille.

4. Catulle déplora, en vers très-élégans, la mort du petit oiseau de Lesbie.

5. Rien ne prouve mieux la supériorité qu'on a sur quelqu'un, que le mépris des injures. Si un petit chien aboie contre un dogue, celui-ci, qui pourroit le dévorer, n'y prend pas seulement garde.

6. Jeunes bergères, que vous êtes heureuses ! simples, comme les petites fleurs des champs, vous n'avez d'autres amours que vos petits agneaux.

7. Daphnis parloit ainsi à sa jeune bergère : « Viens mener avec moi une vie tranquille dans ma pauvre petite chaumière, que mon industrie a élevée sur un petit morceau de terre, qu'une petite rivière sépare du champ voisin, et que différens petits ruisseaux

partagent et fertilisent : mes bosquets deviendront plus beaux par ta présence , et mille petites plantes, qu'ils cachent aux rayons brûlans du soleil, fleuriront sous tes pas. »

VOCABULAIRE.

1. Un, *un.* chapeau, *cappello.* tête, *testa.* livre, *libro.* sous, *sotto.* bras, *braccio.* lunettes, *occhiali.* nez, *naso.* soulier, *scarpa.* pied, *piede.* voilà, *ecco.* portrait, *ritratto.* pédant, *pedante.*

2. J'ai été voir, *sono andato a vedere.* fameux poète *famoso poeta.* dans son, *nel suo.* où, *dove.* deux, *due.* chaise, *sedia.* un lit, *un letto.* composent, *compongono.* tout, *tutto.* son, *il suo.* meuble, *mobile.*

3. Personne n'est plus digne, *nessuno è più degno.* assistance, *ajuto.* gens, *persona.* riche, *ricca.* qu'un pauvre, *che un povero.* une pauvre, *una povera.*

4. Catulle, *Catullo.* déplora, *pianse.* en, *in.* vers, *verso.* très-élégant, *elegantissimo.* mort, *morte.* Lesbie, *Lesbia.*

5. Rien ne prouve mieux, *non v'è cosa che dimostri meglio.* supériorité, *superiorità.* qu'on a, *che si ha.* sur quelqu'un, *sopra qualcheduno.* que, *come.* mépris, *disprezzo.* injure, *ingiuria.* si, *se.* aboie contre un dogue, *abbaja a un molosso.* celui-ci, *qui pourroit le dévorer, *questo che potrebbe divorarlo.* n'y prend pas seulement garde, *non vi bada neppure.*

6. Jeune bergère, *pastorella.* que vous êtes, *quanto siete.* heureux, *felice.* simple comme, *semplice come.*

fleur, *fiore*. champ, *campo*. vous n'avez, *non avete*.
autre amour, *altro amore*. que, *che*. vos, *i vostri*.
agneau, *agnello*.

7. Daphnis parloit ainsi à sa, *Dafni parlava cosi
alla sua*. viens mener avec moi une vie tranquille,
vieni a menar meco una vita tranquilla. dans ma
pauvre, *nella mia povera*, chaumière, *capanna*. que
mon industrie a élevée, *che la mia industria ha eretta*.
sur, *sopra*. morceau, *pezzo*. terre, *terra*. rivière,
fiume, m. sépare, *separa*. champ voisin, *campo vicino*. différent, *vario*. ruisseau, *ruscello*. partagent
et fertilisent, *dividono e fecondano*. mes, *i miei*. bos-
quet, *boschetto*. deviendront plus, *diverranno più*.
beau, *bello*. par ta présence, *per la tua presenza*.
mille, *mille*. plante, *pianta*. qu'ils cachent, *che nascondono*. rayon brûlant, *raggio cocente*. soleil, *sole*.
fleuriront sous tes pas, *fioriranno sotto i tuoi piedi*.

LEÇON VIII.

DES COMPARATIFS ET SUPERLATIFS.

Les comparatifs se forment en mettant devant les
adjectifs les particules *più*, plus; *meno*, moins,
comme en français; à l'exception de *maggiore*, plus
grand *ou* plus grande, *minore*, plus petit, plus petite
ou moindre (*), *migliore*, meilleur *ou* meilleure,
meglio, mieux, *peggiore*, pire, *peggio*, pis.

(*) Dans les choses susceptibles d'être mesurées, on ne se sert
jamais de *maggiore* et de *minore*, mais de *più grande*, *più piccolo*.

Si le mot *que*, qui se trouve après le comparatif, est suivi d'un article, comme *que le*, *que la*, *que les* ou d'un pronom possessif qui exige l'article en italien (voyez Leçon XI), on se sert des articles *del*, *dello*, *della* *dell'*, *dei* ou *de'*, *degli*, *delle*; comme : plus beau que le soleil, *più bello del sole*; moins savant que l'écolier, *meno dotto dello scolare*; plus riche que ses parens, *più ricco de' suoi parenti*, etc.

Lorsque le nom ou le pronom qui suit le *que* ne prend point l'article, on se sert de la préposition *di* : plus éloquent que Cicéron, *più eloquente di Cicerone*.

On se sert de *che*, lorsque la comparaison se fait entre deux substantifs, deux adjectifs, deux verbes ou deux adverbes. Ex. Il est meilleur soldat que capitaine, *è miglior soldato che capitano* (*); il est plus agréable que savant, *è più piacevole che dotto*; il écrit mieux qu'il ne parle, *scrive meglio che non parla*, ou *scrive meglio di quello che parla*; il vaut mieux tard que jamais, *è meglio tardi che mai*.

Dans les comparatifs d'égalité, on exprime les mots

---

più piccola. Ex. Votre montre est plus grande *ou* plus petite que la mienne; dites : *il vostro oriuolo è più grande* ou *più piccolo del mio*, et non pas *maggiore* ou *minore del mio*.

(*) Observez qu'on rend *que* par *che*, lorsque les substantif comparés, avec ce qui en dépend, ne sont séparés, que par le mot *que*. Dans le cas contraire, on se sert ordinairement des articles *del*, *dello*, *della*, etc., comme dans l'exemple suivant : La France me plaît plus que l'Espagne, *la Francia mi piace più della Spagna*.

aussi, *si*, *tant*, *autant*, par *così*, *ianto*, *altrettanto*;
et le *que* se rend par *come*, lorsqu'on se sert de *così*,
et par *quanto*, lorsqu'on se sert de *tanto* ou *altrettanto*. Ex. Mon domestique est aussi fidèle que le
vôtre, *il mio servo è così fedele come il vostro*; ou *il
mio servo è tanto* ou *altrettanto fedele quanto il vostro.*
On peut même supprimer *così*, *tanto*, *altrettanto*, et
dire simplement : *il mio servo e fedele come* ou *quanto
il vostro.*

Aussi bien que, *autant que*, signifiant *comme*, se
rendent en italien par *come* ou *quanto*. Ex. je le désire
aussi bien que vous, *ou* autant que vous, *lo desidero
come* ou *quanto voi.*

Les superlatifs absolus se forment en changeant
la voyelle finale de l'adjectif en *issimo* pour le masculin, et en *issima* pour le féminin; comme *dotto*.
savant, *dottissimo*, très-savant *ou* fort savant; *dotta*.
savante, *dottissima*, très-savante *ou* fort savante. Il
faut excepter *ottimo*, très-bon, *pessimo*, très-mau-
vais, *integerrimo*, très-intègre, *saluberrimo*, très-
salubre, *acerrimo*, très-rude, *celeberrimo*, très-cé-
lèbre, qui s'écartent de la règle générale.

Observez qu'en changeant la dernière voyelle des
adjectifs en *issimamente*, on en compose des adverbes
qui sont superlatifs; comme *accorto*, adroit, *accor-
tissimamente*, très-adroitement; *dotto*, savant, *dot-
tissimamente*, très-savamment. Il faut excepte

benissimo, très-bien, qui ne suit pas la règle géné-rale (*).

Les noms en *co* et *go*, *ca* et *ga*, qui prennent une *h* au pluriel (voy. Leçon IV), la prennent aussi au su-perlatif devant les terminaisons *issimo*, *issima*, *issimi*, *issime*, *issimamente*. Ex. *Franco*, franc, *franchissimo*, très-franc, *franchissimamente*, très-franchement; *lungo*, long, *lunghissimo*, très-long, *lunghissimamente*, très-longuement, etc.

Les superlatifs relatifs se forment en mettant *il più*, *il meno*, *la più*, *la meno* devant l'adjectif. Ex. Il est le plus heureux des hommes, *egli è il più felice degli uomini* ou *fra gli uomini*; elle est la plus malheu-reuse des femmes, *ella è la più infelice delle donne* ou *fra le donne*.

THÈME VIII.

1. Rien n'est plus agréable à l'esprit que la lumière de la vérité.

2. Le crime est plus hardi que la vertu.

3. Il y a des auteurs qui écrivent mieux qu'ils ne parlent, et il y en a d'autres qui parlent mieux qu'ils n'écrivent.

4. La colère est un mouvement de l'âme aussi mi-

(*) On peut aussi se servir de *molto* ou *assai* devant les adjec-tifs ou les adverbes, pour former un superlatif; surtout lorsque le mot seroit trop long en changeant la dernière voyelle de l'ad-jectif en *issimo* ou en *issimamente*; ainsi l'on dira *molto* ou *assai lusinghevole*, très-flatteur; *molto* ou *assai lusinghevolmente*, tres-flatteusement; au lieu de dire : *lusinghevolissimo*, *lusinghevo-lissimamente*.

pétueux que celui de la compassion est doux ; mais l'un dégrade l'homme autant que l'autre l'honore.

5. L'art de faire subsister ensemble l'intempérance et la santé, est un art aussi chimérique que la pierre philosophale et l'astrologie judiciaire.

6. La médisance est de tout temps et de tout pays, elle est presque aussi ancienne dans le monde que la vertu. On devroit punir plus rigoureusement la médisance que le larcin : elle fait plus de tort à la société civile, et il est plus difficile de se garder d'un médisant que d'un voleur.

7. La simplicité de la nature est plus aimable que tous les embellissemens de l'art.

8. Il vaut mieux s'exposer à faire des ingrats que de manquer aux malheureux.

9. La haine est ordinairement plus ingénieuse à nuire que l'amitié à servir.

10. La superstition est à la religion ce que l'astrologie est à l'astronomie, la fille très-folle d'une mère très-sage.

11. Le héros le plus estimable des Grecs étoit Épaminondas.

12. La mère de Darius supporta son malheur très-constamment.

VOCABULAIRE.

1. Rien n'est plus agréable, *non v'e cosa più piacevole.* esprit, *spirito.* lumière, *lume* m. vérité, *verita.*

2. Crime, *colpa.* est, *è.* hardi, *ardito* vertu, *virtù* f.

3. Il y a, *vi sono.* auteur, *autore.* qui, *che.* écrivent, *scrivono.* ils ne parlent, *non parlano.* il y en a, *ve ne sono.* d'autres, *altri.*

4. Colère, *collera.* mouvement, *moto.* impétueux, *impetuoso.* celui, *quello.* compassion, *compassione* f. doux, *dolce.* mais l'un dégrade, *ma l'uno avvilisce.* homme, *uomo.* autre, *altro.* l'honore, *l'onora.*

5. Art, *arte* f. faire subsister, *far sussistere.* ensemble, *insieme.* intempérance, *intemperanza.* santé, *sanità.* chimérique, *chimerico.* pierre philosophale, *pietra filosofale.* astrologie judiciaire, *astrologia giudiciaria.*

6. Médisance, *maldicenza.* tout temps, *ogni tempo.* pays, *paese.* elle est presque, *ella è quasi.* ancien, *antico.* monde, *mondo.* on devroit punir, *si dovrebbe punire.* rigoureusement, *severamente.* larcin, *furto.* elle fait, *ella fa.* tort, *danno.* société civile, *società civile.* et il est, *ed è.* difficile, *difficile.* se garder, *guardarsi.* médisant, *maldicente.* voleur, *ladro.*

7. Simplicité, *semplicità.* nature, *natura.* aimable, *amabile.* tout, *tutto.* embellissement, *abbellimento.*

8. Il vaut mieux s'exposer à faire, *è meglio esporsi a fare.* ingrat, *ingrato.* de manquer, *mancare.* malheureux, *infelice.*

9. Haine, *odio.* ordinairement, *comunemente.* ingénieux, *ingegnoso.* à nuire, *a nuocere.* amitié, *amicizia.* servir, *servire.*

10. Superstition, *superstizione* f. religion, *religione* f. ce que, *ciò che.* astrologie, *astrologia.* as-

tronomie, *astronomia.* fille, *figlia.* fou, *pazzo.* une
mère, *una madre.* sage, *savio* (*).

11. Héros, *eroe.* estimable, *stimabile.* Grec, *Greco.*
étoit Épaminondas, *era Epaminonda.*

12. Mère, *madre.* Darius, *Dario.* supporta, *sos-
tenne.* son malheur, *la sua disgrazia.* constant, *cos-
tante.*

LEÇON IX.

DES NOMS DE NOMBRE.

Les nombres cardinaux sont : 1, *un, uno* (**)
una (***), 2 *due,* 3 *tre,* 4 *quattro,* 5 *cinque,* 6 *sei,* 7 *sette,* 8 *otto,* 9 *nove,* 10 *dieci,* 11 *undici,* 12 *dodici,* 13 *tre-
dici,* 14 *quattordici,* 15 *quindici,* 16 *sedici,* 17 *dieci
sette* ou *diciassette,* 18 *dieci otto* ou *diciotto,* 19 *dieci
nove* ou *diciannove,* 20 *venti,* 21 *vent' uno,* 22 *venti*

(*) Les adjectifs terminés en *io,* comme *contrario, savio,* etc.,
contraire, sage, etc., font au superlatif *contrarissimo, savissimo,*
et non pas *contrariissimo, saviissimo,* etc.

(**) *Un* se met devant un nom masculin qui commence par une
consonne ou par une voyelle, comme *un libro,* un livre ; *un amico*
un ami. *Uno* s'emploie devant un nom masculin qui commence
par une *s* suivie d'une consonne, comme *uno scudo,* un écu ; ou
lorsque *un* n'est suivi d'aucun nom. Ex. En voilà un, *eccone uno.*

(***) *Una* se met devant les noms féminins qui commencent par
une consonne quelconque, comme *una casa,* une maison, etc.
On met *un* avec une apostrophe, au lieu de *una,* devant les noms
féminins qui commencent par une voyelle, comme *un' amica,*
une amie ; *un' ingiustizia,* une injustice, etc.

due, etc., 30 *trenta*, 31 *trent' uno* (*), etc., 40 *qua-ranta*, 50 *cinquanta*, 60 *sessanta*, 70 *settanta*, 80 *ot-tanta*, 90 *novanta*, 100 *cento*, 200 *duecento* ou *dugento*, 300 *trecento*, 400 *quattrocento*, etc.; 1000 *mille*, 2000 *due mila*, etc., 1,000,000 *un miliono* ou *miglione*.

Onze cents, douze cents, etc., se rendent en italien par *mille e cento, mille e dugento*, et non pas par *un-dici cento, dodici cento*, etc.

Observez que lorsque *vent' uno, trent' uno, vent' una, trent' una*, etc., précèdent le nom, le nom se met toujours au singulier, parce qu'il s'accorde avec *uno, una*; comme *vent' un anno*, vingt-un ans, *trent' uno scudo*, trente-un écus, *quarant' una ghinea*, quarante-une guinées, etc. Mais lorsque le nombre suit le nom, le nom se met au pluriel, parce qu'alors le nom s'accorde avec *venti, trenta, quaranta*, etc.; comme *anni vent' uno, scudi trent' uno, ghinee qua-rant' una*, etc.

Si après la préposition *dans* il y a un nom de nom-bre suivi d'un substantif qui désigne un espace de temps, on rend la préposition *dans* par *fra*, toutes les fois qu'on veut exprimer un temps futur. Ex. Je partirai dans deux mois, *partirò fra due mesi*.

(*) Observez que *venti* perd l'*i*, et *trenta, quaranta*, etc., per-dent l'*a* devant *un, uno, una, otto*; comme *vent' un, vent' uno, vent' una, vent' otto, trent' un, trent' uno, trent' una, trent' otto*, etc. d'autres écrivent; *ventun, ventuno, ventuna, ventotto, trentun, trentuno, trentuna, trentotto*, etc., sans apostrophe.

Pour rendre en italien : *il est deux heures*, *trois heures*, etc., ou *je vous attends à deux heures*, *à trois heures*, et autres phrases semblables, il n'est pas nécessaire d'exprimer le mot *heures* ; mais on peut se ervir simplement du nombre cardinal avec l'article, et dire *sono le due*, *le tre*, *vi aspetto alle due*, *alle tre*, etc.

Les nombres ordinaux sont : *primo*, *secondo*, *terzo*, *quarto*, *quinto*, *sesto*, *settimo*, *ottavo*, *nono*, *decimo* *undecimo*, *duodecimo*, *decimo terzo* ou *tredicesimo* *decimo quarto*, *decimo quinto*, *decimo sesto*, *decim* *settimo*, *decimo ottavo*, *decimo nono*, *ventesimo*, *ven* *tesimo primo*, etc., *trentesimo*, *quarantesimo*, *cin**quantesimo*, *sessantesimo*, *settantesimo*, *ottantesimo*, *novantesimo*, *centesimo*, *millesimo* ; premier, second. troisième, etc. En changeant l'*o* en *a*, on forme le féminin ; comme *prima*, *seconda*, *terza*, première. seconde, troisième, etc.

Dernier, *dernière*, se rendent par *ultimo*, *ultima*.

Les noms de proportion avec division se forment des nombres ordinaux ; comme *il terzo*, le tiers, *il quarto*, le quart, etc.; on dit aussi *la terza parte*, *la quarta parte*, etc.

Les nombres ordinaux remplacent en italien les nombres cardinaux, dont on se sert en français après les noms des papes, des rois, des princes ; comme *Pio settimo*, *Luigi decim' ottavo*, *Giorgio quarto*, Pie sept, Louis dix-huit, George quatre.

En français, les nombres ordinaux peuvent devenir adverbes numératifs, comme *premierement*, *seconde-ment*, *troisièmement*, *quatrièmement*, etc.; mais en italien nous n'avons que *primieramente* et *secondaria-mente*; ensuite, nous disons *in terzo luogo*, *in quarto luogo*, etc , en troisième lieu, en quatrième lieu, etc.

Les nombres distributifs sont *ad uno ad uno*, un à un, *a due a due*, deux à deux, etc., *tutti e due*, tous les deux, *tutti e tre*, tous les trois, etc.

Les nombres collectifs sont *una decina*, *una dozzi-na*, *una ventina*, *una trentina*, etc., *un centinajo*, *un migliajo*, une dizaine, une douzaine, une vingtaine, une trentaine, etc., une centaine, un millier.

Une huitaine, *une quinzaine* se rendent en italien par *otto giorni*, *quindici giorni*, huit jours, quinze jours.

Les nombres multiplicatifs sont *il doppio*, *il triplo*, *il quadruplo*, etc., le double, le triple, le quadruple.

THÈME IX.

1. Saturne, la plus éloignée des planètes, emploie 29 ans 5 mois 17 jours à faire sa révolution autour du soleil; Jupiter, 11 ans 10 mois et 14 jours; Mars, 1 an 10 mois et 21 jours; la Terre, un an; Vénus, 7 mois et 14 jours; Mercure, 2 mois et 27 jours.

2. Le premier roi de Rome fut Romulus; le second, Numa; le troisième, Tullus Hostilius; le quatrième, Ancus Martius; le cinquième, Tarquin l'Ancien; le sixième, Servius Tullius; le septième et dernier, Tarquin le Superbe.

3. Miltiade n'avoit à Marathon que deux mille hommes ; César n'en employa que vingt-deux mille à Pharsale ; et Epaminondas que six mille à Leuctres. Thémistocle n'avoit que deux cents galères à Sala-mines ; et Gonzalve, au passage du Garillan, avoit très-peu de troupes contre un corps d'armée infini ment plus nombreux. Cependant ces petits corp d'armée ont décidé des plus grandes choses.

4. Henri quatre regardoit la bonne éducation de la jeunesse, comme une chose de laquelle dépendoit la félicité des royaumes et des peuples.

5. Dans sa jeunesse, l'homme, sans inquiétude pour lui-même, se borne à souhaiter que ses ancêtres eussent été plus sages. A trente ans, il soupçonne qu'il a été lui-même un insensé ; à quarante, il le sait, et fait des projets vagues de réforme ; à cinquante ans, il se reproche ses délais, et se résout à exécuter ses bons desseins ; à soixante, il renouvelle en trem-blant ses résolutions, et il meurt en souhaitant que ses enfans soient plus sages que lui.

VOCABULAIRE.

1. Saturne, *Saturno*. éloignée, *distante*. planète. *pianeta* m. emploie, *mette*. an, *anno*. mois, *mese* jour, *giorno*. à faire sa révolution, *a fare il suo giro* autour, *intorno*. soleil, *sole*. Jupiter, *Giove*. Mars, *Marte*. Terre, *Terra*. Vénus, *Venere*. Mercure, *Mercurio*.

2. Roi, *re*. Rome, *Roma*. fut Romulus, *fu Romolo*. Tullus Hostilius, *Tullo Ostilio*. Ancus Martius, *Anco Marzio*. Tarquin, *Tarquinio*. ancien, *prisco*. Servius Tullius, *Servio Tullio*. superbe, *superbo*

3. Miltiade, *Milziade*. n'avoit à Marathon que, *non aveva a Maratona che*. homme, *uomo*. César n'en employa que, *Cesare non ne impiegò che*. Pharsale, *Farsaglia*. Epaminondas, *Epaminonda*. Leuctres, *Leuttra*. Thémistocle, *Temistocle*. galère, *galera*. Salamines, *Salamina*. Gonzalve, *Gonzalvo*. passage, *passo*. Garillan, *Garigliano*. avoit, *aveva*. troupe, *truppa*. contre un corps, *contra un corpo*. armée, *armata*. infiniment, *infinitamente*. nombreux, *numeroso*. Cependant, *ciò non ostante*. ce, *questo*. petit, *piccolo*. ont décidé, *hanno deciso*. grande, *grande*. chose, *cosa*.

4. Henri, *Enrico*. regardoit, *considerava*. bon, *buono*. éducation, *educazione* f. jeunesse, *gioventù*. comme, *come*. quelle, *quale*. dépendoit, *dipendeva*. félicité, *felicità*. royaume, *regno*. peuple, *popolo*.

5. Dans sa jeunesse, *nella sua gioventù*. sans inquiétude pour lui-même, *senz' inquietudine per se stesso* se borne à souhaiter, *si restringe a desiderare*. que ses ancêtres eussent été, *che i suoi antenati fossero stati*. sage, *savio*. il soupçonne qu'il a été lui-même un insensé, *dubita d' essere stato egli stesso un insensato*. il le sait, *lo sa*. fait, *fa*. projet vague, *progetto vago*. réforme, *riforma*. il se reproche, *si rimprovera*. ses, *i suoi*. délai, *indugio*. et se résout à exécuter, *e si*

risolve d'eseguire. bon, *buono*. dessein, *proponimento*. il renouvelle en tremblant, *rinnuova tremando*. ses, *ie sue*. résolution, *risoluzione* f. et il meurt en souhaitant, *e muore bramando*. ses, *i suoi*. enfant, *figliuolo*. soient, *siano*. lui, *lui*.

⁖⁖

LEÇON X.

DES PRONOMS PERSONNELS.

Première personne des deux genres.

Singulier.	*Pluriel.*
Nom. Je, moi, *io*.	Nous, *noi*.
Gén. De moi, *di me*.	De nous, *di noi*.
Dat. A moi, *a me*, *mi*, *me*.	A nous, *a noi*, *ci*, *ce*, *ne*.
Acc. Moi, *me*, *mi*.	Nous, *noi*, *ci*, *ce*, *ne*.
Abl. De (*ou* par) moi, *da me*.	De (*ou* par) nous, *da noi*.

Seconde personne des deux genres.

Singulier.	*Pluriel.*
Nom. Tu, toi, *tu*.	Vous, *voi*.
Gén. De toi, *di te*.	De vous, *di voi*.
Dat. A toi, *a te*, *ti*, *te*.	A vous, *a voi*, *vi*, *ve*.
Acc. Toi, *te*, *ti*.	Vous, *voi*, *vi*, *ve*.
Voc. O toi, *o tu*.	O vous, *o voi*.
Abl. De toi, *da te*.	De vous, *da voi*.

Troisième personne du genre masculin.

Singulier.	*Pluriel.*
Nom. Il, lui, *egli* ou *esso*, *ei*, *e'*.	Ils, eux, *eglino* ou *essi*, *egli*, *e'*.

Gén. De lui, *di lui*	D'eux, *di loro.*
Dat. A lui, *a lui*, *gli*, *li.*	A eux, *loro*, *gli*, *li.*
Acc. Lui, *lui*, *il*, *lo.*	Eux, *loro.*
Abl. De lui, *da lui.*	D'eux, *da loro.*

Troisième personne du genre féminin

Singulier.	*Pluriel.*
Nom. Elle, *ella* ou *essa.*	Elles, *elleno* ou *esse*
Gén. D'elle, *di lei.*	D'elles, *di loro.*
Dat. A elle, *a lei*, *le.*	A elles, *a loro.*
Acc. Elle, *lei*, *la.*	Elles, *loro*, *le.*
Abl. D'elle, *da lei.*	D'elles, *da loro.*

Il faut observer que les pronoms au nominatif se suppriment très-souvent en parlant et en écrivant.

Observez aussi que *esso*, *di esso*, *ad esso*, *da esso*; *essa*, *di essa*, *ad essa*, *da essa*, etc., servent pour les personnes et les choses; mais *egli*, *di lui*, *ella*, *di lei*, etc., se disent plus proprement des personnes.

Desso, *dessa*, et au pluriel *dessi*, *desse*, ne s'emploient qu'avec les verbes *essere*, être, et *parere*, sembler. Ils se rapportent toujours aux personnes, et expriment quelque chose de plus que *egli* ou *esso*, *ella* ou *essa*. Ex. *Egli è desso*, c'est lui-même, *mi par dessa*, il me semble que c'est elle-même.

Pronom Soi.

Point de nominatif.

Génitif.	De soi, *di se.*
Datif.	A soi, *a se*, *si.*

Accusatif.   Soi, *se, si.*
Ablatif.   De soi, *da se* (*).

Au lieu de dire *con me, con te, con se,* avec moi, avec toi, avec soi, on dit plus communément *meco, teco, seco* (**).

Les pronoms composés sont *io stesso* ou *io medesimo, di me stesso* ou *di me medesimo; ella stessa* ou *ella medesima, di lei stessa* ou *di lei medesima, noi stessi* ou *noi medesimi,* etc., moi-même, de moi-même, elle-même, d'elle-même, nous-mêmes.

Le pronom *en* se rend par *ne.* Exemple : Une faveur en procure une autre, *un favore ne procura un altro.*

Le pronom *y* se rend par *ci* ou *vi.* Ex. Si vous ne voulez pas que le mal augmente, apportez-y remède, *se non volete che il male cresca, poneteci* ou *ponetevi rimedio* (***).

REMARQUES.

Les pronoms *nous* et *vous*, lorsqu'ils sont au nomi-

(*) Remarquez que lorsque l'action réfléchit sur la personne qui la fait, on se sert de *se*, et non pas de *lui* ou *lei.* Ex. Il se fie trop à lui-même, *ou* elle se fie trop à elle-même, *egli si fida troppo a se stesso,* ou *ella si fida troppo a se stessa,* et non pas *a lui stesso, a lei stessa.*

(**) Les poètes se servent quelquefois de *nosco, vosco,* pour *con noi, con voi,* avec nous, avec vous.

(***) Lorsqu'il est question d'un lieu on se sert de *ci,* si l'on parle d'un lieu où l'on est; et de *vi,* si l'on parle d'un lieu où l'on n'est pas. Ex. Je suis à Paris, venez-y, *sono in Parigi, veniteci;* il est à Milan, j'ai envie d'y aller, *è a Milano, ho voglia d'andarvi*

natif, c'est-à-dire , lorsqu'ils sont le sujet du discours, se rendent par *noi* et *voi*, toutes les fois qu'on les exprime. Ex. Nous parlons, *noi parliamo ;* vous écoutez, *voi ascoltate.* Mais si ces pronoms sont à l'accusatif ou au datif, c'est-à-dire sont le régime direct ou indirect sans préposition, ils se rendent par *ci* et *vi.* Ex. Il nous parle, *egli ci parla ;* elle vous écoute, *ella vi ascolta.*

Me, te, se se rendent par *mi , ti , si.*

Lui s'exprime par *gli,* quand il veut dire *à lui ;* et par *le,* quand il veut dire *à elle.* Ex. J'aime mon frère, je lui écris souvent, c'est-à-dire, j'écris à lui, *amo mio fratello, gli scrivo spesso ;* j'estime ma cousine, je lui envoie de temps en temps des présens, c'est-à-dire, j'envoie à elle , *stimo mia cugina, le mando di quando in quando de' regali.*

Le pronom *le* se rend par *lo* devant une consonne , et par *l'* devant une voyelle. Ex. Je le sais, *io lo so* (*). Je l'aime, *io l' amo.*

La se rend par *la* devant une consonne, et par *l'* devant une voyelle. Ex. Je la respecte et l'admire, *la rispetto e l' ammiro.*

Les s'exprime par *li* au masculin , et par *le* au féminin. Ex. Ce sont de mes écoliers , je les connois, *sono miei ecolari, li conosco* (**); ce sont de mes voi-

---

(*) On se sert quelquefois de *il* pour *lo ;* comme *il so* pour *lo so,* etc., mais jamais devant une *s* suivie d'une autre consonne.

(**) On se sert ordinairement de *gli* au lieu de *li* devant les voyelles ; et l'on dit *io gli odo,* je les entends , etc.

sines, je les vois souvent, *sono mie vicine, le vedo spesso.*

Moi et *toi*, après l'impératif, se rendent par *mi* et *ti*. Ex. Répondez-moi, *rispondetemi;* garde-toi, *guardati.*

Lorsque les pronoms *mi, ci, ti, vi, si,* sont suivis de *lo, la, li, gli, le, ne,* ils changent l'*i* en *e;* et au lieu de dire *mi lo, mi la, mi li, ci lo, ci la, ci li,* etc., on dit, *me lo, me la, me li, ce lo, ce la, ce li,* etc., en séparant ces pronoms lorsqu'on les met avant le verbe, et en les joignant lorsqu'on les met après. Ex. *Me lo figuro,* je me le figure; *te lo prometto,* je te le promets; *potete assicurarvene,* vous pouvez vous en assurer, etc.

Toutes les fois que le pronom *gli* est suivi de *lo, la, li, le, ne,* on y ajoute un *e,* et l'on n'en fait qu'un seul mot avec le pronom qui le suit; comme *glielo diedi,* je le lui donnai; *vi prego di parlargliene,* je vous prie de lui en parler, etc. Observez que le pronom *gli* se met toujours avant *lo, la, li, le, ne;* et l'on dit *glielo, gliela, glieli, gliele, gliene,* le lui, la lui, les lui, lui en, et non pas *lo gli, la gli,* etc.

Observez aussi que les pronoms se mettent après le verbe auquel ils se joignent, de manière à ne former qu'un seul mot à la première et à la seconde personne de l'impératif (lorsqu'il n'y a point de négation), à l'infinitif, et aux deux participes (*)

_____

(*) Dans les autres temps on met les pronoms avant le verbe, et surtout dans le discours familier; mais les écrivains ne suivent pas exactement cette règle

Ex. Faisons-le , *facciamolo ;* aimez-moi , *amatemi ;* je serai bien aise de vous voir , *avrò piacere di vedervi ;* se repentant , *pentendosi ;* s'étant repenti , *essendosi pentito,* ou simplement *pentitosi,* en sous-entendant *essendo.* Il en est de même lorsqu'il y a plusieurs pronoms ; comme dites-le moi, *ditemelo ;* je vous prie de le lui dire , *vi prego di dirglielo ;* vous ne manquerez pas de nous le faire savoir , *non mancherete di farcelo sapere* (*).

Loro, leur , se met presque toujours après le verbe sans l'y joindre ; comme *prometto loro,* je leur promets ; *ne parlerò loro,* je leur en parlerai ; *datene loro,* donnez-leur en , etc.

Quand il y a des pronoms avec *ecco,* voilà *ou* voici , on les met toujours après , et on n'en fait qu'un seul mot ; comme *eccomi,* me voilà *ou* me voici; *eccone,* en voilà *ou* en voici, etc.

Lorsqu'on met les pronoms après le temps d'un verbe qui se trouve d'une seule syllabe, il faut doubler

---

(*) Observez que l'on retranche toujours l'e final de l'infinitif, lorsqu'il est suivi d'un pronom. C'est pourquoi l'on dit *vedervi , dirglielo,* etc., et non pas *vederevi, direglielo,* etc. Si l'infinitif finit en *rre,* comme *torre , condurre,* etc., on supprime *re* devant le pronom, et l'on écrit *torgli,* lui ôter ; *condurlo,* le conduire, etc. Observez aussi qu'en italien on doit mettre les pronoms après l'infinitif ou le participe qu'ils précèdent immédiatement en français, comme on voit dans les exemples cités : *Vous ne manquerez pas de nous le faire savoir ,* non mancherete di farcelo sapere*; s'étant repenti,* essendosi pentito *; et ce seroit une faute de dire , non mancherete di fare sapercelo; essendo pentitosi.*

la consonne initiale du pronom qui suit immédiatement le verbe, à l'exception des pronoms *gli* et *loro*.
Ainsi l'on dit: *fammi il piacere*, fais-moi le plaisir;
vattene, va-t'en; et non pas *fami*, *vatene*, etc. (*)
La même règle sert pour les temps des verbes, quel
que soit le nombre de leurs syllabes, qui finissent par
une voyelle accentuée; mais, dans ce cas, en dou-
blant la consonne initiale du pronom, on supprime
l'accent qui se trouve sur la dernière voyelle du verbe
qui précède le pronom; comme *pregollo*, il le pria;
fermossi, il s'arrêta; au lieu de *pregò lo*, *fermò si*, etc.

THÈME X.

1. Une grande reine disoit, à propos d'un historien : « En nous parlant des fautes de nos prédéces-
seurs, il nous montre nos devoirs; ceux qui nous entourent nous cachent la vérité, les seuls historiens
nous la disent.

2. La nature nous a donné deux oreilles et une
seule bouche, afin que nous écoutions beaucoup et
que nous parlions peu.

3. Les auteurs les plus polis ne se contentent pas
de leurs premières pensées, ils ont pour suspect tout
e qui s'offre à eux de soi-même.

4. Nos pensées sont à nous pendant que nous les

(*) Il faut se souvenir qu'on ne double pas la consonne du
pronom qui suit l'infinitif d'un verbe qui devient monosyllabe
en perçant l'*e* final; comme *dirmi*, me dire; *farlo*, le faire, au
lieu de *diremi*, *farelo*.

tenons dans notre cœur ; mais lorsqu'une fois nous
les laissons sortir, elles sont au pouvoir d'un autre
qui peut s'en servir pour nous perdre.

5. Être trop mécontent de soi est une foiblesse ;
être trop content de soi est une sottise

6. Si nous pouvions nous persuader que le flatteur
ne croit pas un mot de ce qu'il nous dit, et qu'il ne
nous flatte que pour le besoin qu'il a ou qu'il peut
avoir de nous, pourrions-nous nous voir ainsi joués
sans lui en témoigner notre ressentiment ?

7. Rendons-nous justice, et persuadons-nous que
nos défauts blessent les autres, comme les défauts
des autres nous blessent nous-mêmes

8. Nous pouvons affoiblir nos passions ; mais elles
ne meurent qu'avec nous. C'est en les combattant
qu'on les appaise ; en les ménageant, on les rend in-
domptables.

9. La vertu lie les hommes en leur inspirant une
confiance mutuelle. Le vice, au contraire, les divise, en les tenant en garde les uns contre les autres.

10. Voulez-vous écarter de vous un fâcheux dont
la société vous pèse, demandez-lui un service qu'il
puisse vous rendre.

11. C'est le propre d'un sot de dire : « Je n'y pensois pas. »

12. L'empereur Tite disoit : « Si quelqu'un parle
mal de moi, il faut bien se garder de le punir. S'il a
parlé par légèreté, il faut le mépriser : si c'est par

folie, il faut avoir pitié de lui : si c'est une injure, il faut lui pardonner.

1. Grande reine, *gran regina*. disoit, *diceva*. pro pos, *proposito*. historien, *istorico*. en parlant, *parlando*. faute, *sbaglio* m. de nos, *de' nostri*. prédécesseur, *predecessore*. montre, *mostra*. nos, *i nostri*. devoir, *dovere* m. ceux qui, *coloro che*. entourent, *stanno intorno*. cachent, *nascondono*. vérité, *verità*. seul, *solo*. disent, *dicono*.

2. Nature, *natura*. a donné, *ha dato*. oreille, *orecchia* bouche, *bocca*. afin que, *affinché*. écoutions, *ascoltiamo*. beaucoup, *molto*. parlions peu, *parliamo poco*.

3. Auteur, *autore*. poli, *colto*. ne contentent pas, *non contentano*. de leurs, *dei loro*. premier, *primo*. pensée, *pensiere*, m. ont, *hanno*. pour suspect tout ce qui, *per sospetto tutto ciò che*. offre, *presenta*. de, *da*.

4. Nos, *i nostri*. sont à nous, *ci appartengono*. pendant que, *mentre*. tenons, *teniamo*. dans notre cœur, *nel nostro cuore*. mais lorsqu'une fois, *ma quando una volta*. laissons sortir, *lasciamo uscire*. sont, *sono*. en pouvoir, *in potere*. autre, *altro*. qui peut, *che può*. servir, *servire*. pour, *per*. perdre, *perdere*.

5. Être trop mécontent, *esser troppo mal contento* est une foiblesse, *è una debolezza* content, *contento* sottise, *pazzia*

6. Si, *se.* pouvions, *potessimo.* persuader, *persua-
lere* flatteur, *adulatore.* ne croit pas un mot, *non
crede una sola parola.* ce que, *ciò che.* dit, *dice.*
flatte, *adula.* besoin, *bisogno.* a, *ha.* ou, *o.* peut
avoir, *può avere.* pourrions, *potremmo.* voir, *vedere.*
ainsi joués, *così beffati.* sans, *senza.* temoigner notre
ressentiment, *mostrare il nostro risentimento.*

7. Rendons, *rendiamo.* justice, *giustizia.* persua-
dons, *persuadiamo.* nos, *i nostri.* défaut, *difetto.* blessent, *offendono.* autre, m. *altro.* comme, *come.*

8. Pouvons, *possiamo.* affoiblir, *indebolire.* nos,
le nostre. passion, *passione,* f. mais, *ma.* ne meurent,
non muojono. avec, *con (c'est* ne s'exprime pas dans
cette phrase). en combattant, *combattendo (que* se
supprime). on les appaise, *si placano.* en ménageant,
risparmiando. on les rend, *si rendono.* indomptable,
indomabile.

9. Vertu, *virtù.* lie, *lega.* en inspirant, *inspirando.*
confiance, *fiducia.* mutuel, *reciproco.* vice, *vizio.*
au contraire, *all' opposto.* divise, *divide.* en tenant,
tenendo. en garde, *in guardia.* contre, *contra.*

10. Voulez, *volete.* écarter, *allontanare.* fâcheux,
importuno. dont la société, *la di cui società.* pèse, *è
molesta.* demandez, *domandate.* service, *servizio*
qu'il puisse, *che possa.* rendre, *fare.*

11. C'est le propre, *è proprio.* sot *sciocco.* dire
dire. ne pensois pas, *non pensava.*

12. Empereur Tite, *imperator Tito.* si, *se.* quel
qu'un parle mal, *alcuno parla male.* il faut, *bisogne*

garder, *guardare*. punir, *punire*. a parlé, *ha parlato*. par légèreté, *per leggerezza*. mépriser, *disprezzare*. folie, *pazzia*. avoir pitié de lui, *compatirlo*. c'est, *è*. injure, *ingiuria*. pardonner, *perdonare*.

LEÇON XI.

DES PRONOMS POSSESSIFS.

Il y a six pronoms possessifs; savoir: *il mio, il tuo, il suo, il nostro, il vostro, il loro,* mon, ton, son, notre, votre, leur; *ou* le mien, le tien, le sien, etc., dont le pluriel est *i miei, i tuoi, i suoi, i nostri, i vostri, i loro,* mes, tes, ses, nos, vos, leurs; *ou* les miens, les tiens, les siens, etc. Ils font au féminin *la mia, la tua, la sua, la nostra, la vostra, la loro,* ma, ta, sa, notre, votre, leur, *ou* la mienne, la tienne, la sienne, etc., dont le pluriel est *le mie, le tue, le sue, le nostre, le vostre, le loro,* mes, tes, ses, etc. (*)

Observez que les pronoms possessifs se déclinent

(*) Lorsque la chose dont on parle n'appartient pas au nominatif, on dit *di lui, di lei,* au lieu de *suo, sua, suoi, sue,* surtout lorsqu'il peut y avoir équivoque, en se servant de *suo, sua,* etc. Ainsi, pour rendre en italien, Paul aime Pierre et ses enfans, c'est-à-dire les enfans de Pierre; Paul aime Sophie et ses enfans, c'est-à-dire les enfans de Sophie; il faut dire; *Paolo ama Pietro e i di lui figliuoli,* ou *i figliuoli di lui; Paolo ama Sofia e i di lei figliuoli,* ou *i figliuoli di lei,* et non pas *i suoi figliuoli,* parce que en se servant de *suoi,* on pourroit entendre que Paul aime es propres enfans.

avec les articles *il, del, al, dal, la, della, alla, dalla*, etc., comme : mon livre, *il mio libro*; de mon livre, *del mio libro*; à mon livre, *al mio libro*; de mon livre, *dal mio libro*; mes livres, *i miei libri*; de mes livres, *de' miei libri*; à mes livres; *a' miei libri*; de mes livres, *de' miei libri*. Ma grammaire, *la mia gramatica*; de ma grammaire, *della mia gramatica*, etc.

Cependant lorsque les pronoms possessifs se trouvent devant les titres d'honneur, comme *signoria*, seigneurie; *eccellenza*, excellence; *altezza*, altesse; *santità*, saintuté; *maestà*. majesté, etc., et devant les noms de parenté ci-après : *padre*, père ; *madre*, mère; *zio*, oncle; *zia*, tante; *nipote*, neveu, nièce; *figlio*, fils; *figlia*, fille; *fratello*, frère; *sorella*, sœur; *marito*, mari; *moglie*, femme; *cognato*, beau-frère; *cognata*, belle-sœur; *cugino*, cousin; *cugina*, cousine; ils se déclinent avec les prépositions *di, a, da.* Ex. Votre majesté, *vostra maestà*; de votre majesté, *di vostra maestà*; à votre majesté, *a vostra maestà*; de votre majesté, *di vostra maestà*: mon père, *mio padre*; de mon père, *di mio padre*, etc. Cette règle n'est pas toujours strictement observée quant aux noms de parenté (*).

Observez qu'on met toujours l'article devant les

(*) Si, au lui de *padre, madre, marito, moglie, fratello, sorella*, on se sert de *genitore, genitrice, sposo, sposa* ou *consorte, germano, germana*, il faut mettre l'article, et dire, *il mio genitore, la mia genitrice*, etc

noms de parenté, lorsqu'ils sont au diminutif ; comme *il vostro fratellino*, *la mia sorellina*, etc., votre petit frère, ma petite sœur, etc.

Au pluriel, on se sert toujours de l'article ; et l'on dit *le vostre maestà*, vos majestés ; *i nostri padri*, nos pères, etc.

Lorsque les noms de parenté sont accompagnés d'un pronom possessif et d'un adjectif, ou du pronom possessif *loro*, leur, avec ou sans adjectif, ils exigent l'article, même au singulier. Ex. Mon cher père, *il mio caro padre* ; de mon cher père, *del mio caro padre*, etc. ; ta tendre mère, *la tua tenera madre* ; de ta tendre mère, *della tua tenera madre*, etc. ; leur oncle, *il loro zio* ; leur tante, *la loro zia*, etc.

Pour rendre en italien : Monsieur votre père, madame sa mère, etc., on dit *il vostro signor padre*, *la sua signora madre*, etc., et non pas *il signor vostro padre*, etc.

Il faut aussi employer l'article toutes les fois qu'on met le pronom possessif après un nom quelconque ; comme *la maestà sua*, sa majesté ; *il fratello mio*, mon frère, etc.

Au vocatif, c'est-à-dire, lorsqu'on adresse la parole à quelqu'un, on supprime toujours l'article comme *avvicinatevi*, *amico mio*, approchez, mon ami ; *ascoltate*, *miei figli*, écoutez, mes enfans.

Un de mes, un de tes, un de ses, une de mes, une de tes, une de ses, etc., peuvent se rendre en italien par *un mio, un tuo, un suo, una mia, una tua, una sua* , etc. ; comme *un mio amico* , un de mes amis ; *una tua amica* , une de tes amies, etc.

Pour exprimer en italien *c'est à moi* , *à toi* , *a lui* . etc. , lorsque l'on veut marquer la propriété ou la possession de quelque chose, on dit : *mio* ou *mia* , e *tuo* ou *tua* , e *suo* ou *sua* ; et au pluriel , *sono miei* ou *mie*, etc. Ex. Ce livre est à moi , *questo libro è mio* ; cette maison est à vous , *questa casa è vostra* , etc. (*)

THÈME XI.

1. La rose a sa beauté, sa fraîcheur et son odeur ; mais elle a aussi ses épines.

2. L'éclat de la gloire de nos ancêtres ne rejaillit sur nous que pour mieux éclairer nos vices et nos vertus.

3. Un homme à qui son ami avoit refusé une grâce injuste, lui dit qu'il n'avoit que faire de son amitié, puisqu'elle lui étoit inutile. Ni moi de la tienne, lui répondit-il, puisqu'on ne peut la conserver que par des injustices.

4. Mes vers me coûtent peu, disoit un mauvais

(*) Il y a quelques phrases où l'on ne se sert que des prépositions , avec les pronoms possessifs ; telles sont les suivantes : *Vi è egli qualche cosa di vostro gusto?* y a-t-il quelque chose de votre goût ? *Egli fa tutto a sua voglia, a suo senno*, il fait tout à sa volonté , à sa fantaisie. *È mio costume di....*; c'est ma coutume de.... *È mio piacere di....*, c'est mon plaisir de.... *Sta in nostro potere*, c'est en notre pouvoir. *Sono andato a casa sua*, je suis allé chez lui. *Salutatelo da parte mia*, saluez le de ma part.

poëte. Ils vous coûtent ce qu'ils valent, lui répondit-on.

5. Monsieur Scarron, un peu avant de mourir
oyoit ses parens et ses domestiques qui fondoient en
armes : Mes enfans, dit-il, vous ne pleurerez jamais tant que je vous ai fait rire.

6. Monsieur le régent, par ordre duquel Voltaire
étoit à la Bastille, lorsqu'on représentoit l'*Œdipe* de
ce célèbre auteur, en fut si content, qu'il rendit la
liberté au prisonnier. Voltaire alla sur-le-champ re-
mercier son Altesse, qui lui dit : Soyez sage, et j'aurai soin de vous. Je vous suis infiniment obligé, répondit l'auteur; mais je supplie votre Altesse de ne
plus se charger de mon logement.

7. Je préfère, disoit Léonidas, une mort glorieuse
à une vie obscure; car ma vie appartient à la nature,
et la gloire de ma mort est à moi.

8. Cornélie, fille du grand Scipion et femme du
consul Sempronius, étoit dans une compagnie de
dames Romaines, qui étaloient leurs pierreries,
leurs bijoux et leurs ajustemens. On demande à
Cornélie de montrer aussi les siens : cette sage Romaine fit aussitôt approcher ses enfans, qu'elle avoit
élevés avec soin pour la gloire de la patrie, et dit en
les montrant: « Voici ma parure, voici mes orne-
mens. »

D

VOCABULAIRE

1. Rose, *rosa*. a, *ha*. beauté, *bellezza*. fraîcheur , *freschezza*. odeur, *odore* m. mais , *ma*. aussi , *ancora*. épine, *spina*.

2. Eclat, *splendore* m. gloire, *gloria*. ancêtres , *antenati*. ne, *non*. rejaillit, *riverbera*. sur , *sopra*. que pour mieux éclairer, *che per meglio illuminare*. vice, *vizio*. vertu , *virtù*.

3. A qui , *a cui*. ami, *amico*. avoit refusé une grâce injuste, *aveva negato una grazia ingiusta*. dit , *disse*. qu'il n'avoit que faire, *que non faceva alcun conto*. amitié, *amicizia*. puisque, *poichè*. étoit inutile , *era inutile*. ni, *nè*. répondit, *rispose*. on ne peut, *non si può*. conserver, *conservare*. par des (tournez *avec des*). injustice, *ingiustizia*.

4. Vers, *verso* m. coûtent, *costano*. peu, *poco*. disoit un mauvais poète, *diceva un cattivo poeta*. ce que , *quel che*. valent, *vagliono*. répondit-on, *fu risosto*.

5. Un peu avant, *un poco prima*. mourir , *morire*. voyoit , *vedeva*. parent, *parente*. domestique , *domestico*. qui fondoient en larmes, *che si struggevano in pianto*. ne pleurerez jamais, *non piangerete mai*. tant que , *quanto*. ai fait rire, *ho fatto ridere*.

6. Régent , *reggente*. par ordre , *per ordine*. quel , *quale*. étoit, *era*. Bastille, *Bastiglia*. lorsqu'on représentoit , *quando si rappresentava*. OEdipe, *Edipo*. ce célèbre auteur, *questo celebre autore*. fut si con

tent, *fu si contento.* qu'il rendit, *che rese.* liberté, *li-bertà.* prisonnier, *prigioniere.* alla sur-le-champ re-mercier, *andò subito a ringraziare.* altesse, *altezza.* qui, *che.* soyez sage, *siate prudente*, aurai soin, *avrò cura.* suis infiniment obligé, *sono infinitamente ob-bligato.* auteur, *autore.* mais, *ma.* je supplie, *sup-plico.* charger, *incaricare.* logement, *alloggio.*

7. Je préfère, *preferisco.* Léonidas, *Leonida.* mort, *morte.* glorieux, *glorioso.* vie, *vita.* obscur, *oscuro.* car, *poichè*, appartient, *appartiene.* nature, *natura.*

8. Cornélie, fille, *Cornelia, figlia.* grand Scipion, *gran Scipione.* femme, *moglie.* consul Sempronius, *console Sempronio.* étoit dans une compagnie, *era in una conversazione.* dame romaine, *dama romana*, qui étaloient, *che facevan vedere.* pierreries, *gemma*, bijou, *gioja.* ajustement, *assetto.* On demande, *si domanda.* montrer aussi, *mostrare anch' essa.* cette sage, *questa saggia.* fit aussitôt approcher, *fece su-bito avvicinare.* enfant, *figliuolo.* qu'elle avoit élevé, *che aveva educato.* avec soin, *con diligenza.* pour, *per.* en montrant, *mostrando.* voici, *ecco.* parure, *ac-conciamento.* ornement, *ornamento.*

LEÇON XII.

DES PRONOMS DÉMONSTRATIFS

Pronom démonstratif d'un objet plus proche de celuiqui parle.

MASCULIN

Singulier.

Nom. *Questo*, ce, celui, celui-ci.
Gén. *Di questo*, de ce, de celui, de celui-ci.
Dat. *A questo*, à ce, à celui, à celui-ci.
Abl. *Da questo*, de ce, de celui, de celui-ci.

Pluriel.

Nom. *Questi*, ces, ceux, ceux-ci.
Gén. *Di questi*, de ces, de ceux, de ceux-ci.
Dat. *A questi*, à ces, à ceux, à ceux-ci.
Abl. *Da questi*, de ces, de ceux, de ceux-ci.

FÉMININ.

Singulier.

Nom. *Questa*, cette, celle, celle-ci.
Gén. *Di questa*, de cette, de celle, de celle-ci.
Dat. *A questa*, à cette, à celle, à celle-ci.
Abl. *Da questa*, de cette, de celle, de celle-ci (*).

_____

(*) On peut se servir de *sta* pour *questa* avec les mots *mane*, *mattina*, *sera*, *notte*, comme *stamane*, *stamattina*, ce matin *stasera*, ce soir *stanotte*, cette nuit.

Pluriel.

Nom. *Queste*, ces, celles, celles-ci.
Gén. *Di queste*, de ces, de celles, de celles-ci.
Dat. *A queste*, à ces, à celles, à celles-ci.
Abl. *Da queste*, de ces, de celles, de celles-ci.

Pronom démonstratif d'un objet proche de celui à qui l'on parle.

MASCULIN. *Cotesto*, ce, celui, celui-là.

FÉMININ. *Cotestà*, cette, celle, celle-là (*)

Pronom démonstratif d'un objet éloigné de celui qu parle.

MASCULIN. *Quello*, ce, celui, celui-là (**).

FÉMININ. *Quella*, cette, celle, celle-là.

Ils se déclinent comme *questo* et *questa*.

Observez que *questo* et *questa* s'emploient aussi pour signifier une chose proche de temps ou de discours, c'est-à-dire, une chose qui vient d'être faite ou nommée; au lieu que *cotesto* et *cotesta* expriment seulement un objet proche de celui à qui l'on parle. ou à qui l'on écrit. *Quello* et *quella* s'emploient pour

---

(*) On dit aussi *codesto*, *codesta*, etc.

(**) On dit *quello* au singulier, et *quei* ou *que'* pour *quelli* au pluriel, lorsque le nom suivant commence par une consonne, à moins que ce ne soit une *s* suivie d'une autre consonne. Ex. *Quel libro*, ce livre ; *quel* ou *que' libri*, ces livres. Lorsque le nom commence par une voyelle, comme *amico*, *onore*, ami, honneur ; on dit au singulier *quell' amico*, *quell' onore*. et au pluriel *quegli amici*, *quegli onori*.

tout ce qui est censé éloigné , soit de lieu , soit de temps ou de discours.

REMARQUES.

Les Français ajoutent quelquefois *ci* ou *là* après le substantif précédé de *ce*, *cette*, *ces* ; comme *ce livre-ci*, *cette table-ci ces hommes-là ;* mais les Italiens disent simplement *questo libro, questa tavola , quegli uomini ,* etc.

Quand on vient de nommer deux choses ou deux personnes dont on continue à parler, *questo* et *questa* signifient la dernière, et *quello* et *quella,* la première. Ex. *Dall' una parte mi trae l' amore , dall' altra lo sdegno ; quello vuole ch' io ti perdoni , et questo ch' io mi vendichi ,* d'un côté m'entraîne l'amour, de l'autre la colère ; celui-là veut que je te pardonne, et celle-ci que je me venge.

Observez qu'on emploie avec plus d'élégance *questi* et *quegli* au nominatif du singulier, lorsqu'on parle d'un homme, comme *questi fu felice , quegli sfortunato ,* celui-ci fut heureux, celui-là malheureux.

Pour donner plus de force au discours, nous mettons quelquefois les pronoms démonstratifs *questo , cotesto, quello , questa ,* etc., avec les pronoms possessifs ; comme *questo vostro discorso mi offende,* votre discours m'offense; mot-à-mot: ce votre discours m'offense.

Costui , celui-ci; *costei ,* celle-ci ; *colui ,* celui-là; *colei ,* celle-là; dont le pluriel est *costoro , coloro* pour les deux genres, s'emploient toujours substantivement, et ne se disent que des personnes. Dans le discours familier, on ne s'en sert que pour marque du mépris.

Cela se rend par *ciò*, quand il a une signification générale et indéterminée. Il se rend par *questo*, lorsqu'il exprime une chose qui est proche ou qui fait le sujet du discours; et par *quello*, lorsqu'il signifie une chose qui est censée éloignée. *Ceci* se rend presque toujours par *questo*.

Ce joint au verbe *être* se supprime très-souvent en italien. Ex. Je lis le Tasse et l'Arioste, parce que ce sont les meilleurs poètes italiens, *leggo il Tasso e l'Ariosto, perché sono i migliori poeti italiani.*

Ce qui, ce que se rendent par *ciò che* ou *quel che*, comme: ce qui me plaît en vous, c'est votre prudence, *ciò che* ou *quel che mi piace in voi, è la vostra prudenza;* je n'ai pas ce que je voudrois, *non ho ciò che* ou *quel che vorrei.* Cependant lorsque *ce qui, ce que* se rapportent à une partie antérieure de la phrase, ils se rendent par *il che*, qui signifie *la qual cosa.* Ex. Ma mère est malade, ce qui m'oblige de partir, *mia madre è ammalata, il che m'obbliga a partire.*

Tout ce qui, tout ce que peuvent s'exprimer par *tutto ciò che, tutto quel che*, ou simplement par *quanto.* Ex. Je ferai tout ce qui dépendra de moi, *farò tutto ciò che, tutto quel che* ou *quanto dipenderà da me;* je ferai tout ce que vous voudrez, *farò tutto ciò che, tutto quel che* ou *quanto vorrete.*

THÈME XII.

1. Le sage songe avant que de parler à ce qu'il doit dire ; le fou parle , et ensuite songe à ce qu'il a dit.

2. La modestie est au mérite ce que les ombres sont aux figures dans un tableau.

3. Un magistrat intègre et un brave officier sont également estimables : celui-là fait la guerre aux ennemis domestiques; celui-ci nous protège contre les ennemis extérieurs.

4. Celui qui commence un procès plante un palmier qui ne donne jamais de fruit à ceux qui l'ont planté.

5. Regardez comme un ami sûr l'homme sincère qui vous avertit de vos fautes , non celui qui approuve tout ce que vous dites et tout ce que vous faites.

6. Ce ne sont pas les titres , ce sont les mœurs qui décident du mérite. Celles-ci dépendent de nous ; ceux-là dépendent du hasard.

7. Les Athéniens refusèrent de brûler la flotte des Lacédémoniens; ce qui est un grand exemple d'équité.

8. Un paysan coupoit un arbre au bord d'une rivière; par malheur sa coignée tomba dans l'eau , et il ne put la retrouver. Mercure lui apparut: Est-ce là ta coignée, brave homme ? lui en montrant une d'or. — Non, cette coignée n'est pas la mienne.— C'est peut-être celle-ci ? lui en présentant une autre d'argent. — Non, ce n'est point encore celle qui m'appartient.—C'est donc celle-ci ? lui en montrant

ıne de fer qui étoit vraiment celle qu'il avoit perdue.
—Voici vraiment cette coignée dont la perte m'afflige.—Prends celle-ci, et encore les deux premières
que je t'ai montrées; reçois-les pour prix de ta bonne
foi. « La probité est la meilleure politique ».

VOCABULAIRE.

1. Sage, *savio*. songe avant que, *pensa prima* (*).
parler, *parlare*. doit dire, *deve dire*. fou, *pazzo*.
parle, *parla*. ensuite, *poi*. a dit, *ha detto*.

2. Modestie, *modestia*. est, *è*. mérite, *merito*. ombre, *ombra*. sont, *sono*. figure, *figura*. dans un tableau, *in un quadro*.

3. Magistrat intègre, *magistrato integro*. brave officier, *bravo ufficiale*. également, *egualmente*. estimable, *stimabile*. fait, *fa*. guerre, *guerra*. ennemi, *nemico*. domestique, *domestico*. protège, *protegge*.
contre, *contra*. extérieur, *esteriore*.

4. Qui, *che*. commence, *comincia*. procès, *lite* f.
plante un palmier, *pianta un palmizio*. qui ne donne
jamais de fruit, *che non dà mai frutto*. qui, *che*, ont
planté, *hanno piantato*.

5. Regardez comme un ami sûr, *riguardate come
un amico sicuro*. homme sincère, *uomo sincero*. avertit, *avvertisce*. faute, *fallo*. approuve, *approva*. dites,
dite. faites, *fate*.

6. Titre, *titolo*. mœurs, *costumi* m. décident, *decidono*. dépendent, *dipendono*. hasard, *caso*.

(*) *Que* ne s'exprime pas en italien dans cette phrase et autres
semblables.

D

7. Athénien, *Ateniese*. refusèrent, *ricusarono* de brûler, *di bruciare*. flotte, *flotta*. Lacédémonien, *Lacedemone*. est, *è*. grand exemple, *grand' esempio*. quité, *equità*.

8. Paysan, *contadino*. coupoit un arbre, *tagliava un albero*. bord, *riva*. rivière, *fiume* m. par malheur, *disgraziatamente*. coignée, *scure*. tomba, *cadde*. eau, *acqua*. ne put, *non potè*. retrouver, *ritrovare*. Mercure. *Mercurio*. apparut, *apparve*. est-ce là, *è questa*. brave homme, *galant' uomo*. montrant, *mostrando*. or, *oro*. Non, *no*. peut-être, *forse*. présentant, *presentando*. autre, *altro*. argent, *argento*. encore, *ancora*. appartient, *appartiene*. donc, *dunque*. fer, *ferro*. étoit vraiment, *era veramente*. avoit perdue, *aveva perduta*, voici, *ecco*. dont la perte. *la cui perdita*. afflige, *affligge*. prends, *prendi*. ai montrées, *ho mostrate*. reçois, *ricevi*. pour prix, *per premio*. bonne foi, *sincerità*. probité, *probità*. politique, *politica*.

LEÇON XIII.

DES PRONOMS INTERROGATIFS ET RELATIFS.

Le pronom interrogatif *qui* se rend en italien par *chi*; de qui, *di chi*; à qui, *a chi*; de qui *ou* par qui, *da chi*. Le pronom *que*, *quoi* se rend par *che*; et le pronom *quel*, *quelle* se rend par *che* ou *quale*, qui fait au pluriel *quali*; et quelquefois *quai* par abréviation.

EXEMPLES.

Qui est-ce ? *chi è ?*

De qui parlez-vous ? *di chi parlate ?*

Que dites-vous ? *ou* qu'est-ce que vous dites ? *che dite ?* ou *che cosa dite ?*

Qu'est-ce que la grammaire ? *que cosa è la gramatica ?*

De quoi s'agit-il ? *di che si tratta ?*

Quelle est la maison ? *quale e la casa ?*

Quelles affaires avez-vous ? *che affari avete ?*

Voici deux épées ; laquelle voulez-vous ? *ecco due spade ; qual volete ?* et non pas *la qual volete ?* Observez que *quale*, employé pour exprimer un doute ou pour interroger, ne prend point d'article

Quel homme ! quelle femme ! quels prodiges ! *che uomo ! che donna ! quai prodigj !* (*)

On se sert souvent de *chi* pour exprimer *celui qui* ou *qui*, pris dans un sens indéterminé et général Ex. *Chi dice questo ha ragione*, celui qui dit cela a raison, *ou* qui dit cela a raison.

Chi signifie aussi quelquefois *alcuno che.* Ex. *Non avea chi lo consolasse*, il n'avoit personne qui le consolât ; c'est-à-dire, *non avea alcuno che lo consolasse*

Quoi, sans interrogation, s'exprime par *che* avec l'article, lorsqu'il se rapporte à une partie précé-

---

(*) Observez que le pronom *quel, quelle, quels, quelles* s'exprime ordinairement par *che* lorsqu'il est immédiatement suivi du nom, et par *quale, quali*, lorsqu'il en est separé.

dente de la phrase: Ex. César désira de régner ; à
quoi il parvint enfin pour son malheur , *Cesare desi-*
derò di regnare ; al che giunse finalmente per sua sven-
tura.

Che signifie quelquefois *car , parce que.* Ex. *Dillu*
liberamente, che ti prometto di non parlarne a veruno,
dis-le franchement , car je te promets de n'en parler
personne.

Les pronoms relatifs se déclinent de la manière
uivante :

Singulier.

N. *Che , il quale, la quale ,* qui , lequel, laquelle.

. *Di cui, del quale, della quale ,* de qui, duquel,
de laquelle , dont.

A cui, cui, al quale, alla quale , à qui, auquel
à laquelle.

AC. *Che, cui, il quale, la quale ,* que, lequel, laquelle.

AB. *Da cui, dal quale , dalla quale ,* de qui , duquel,
de laquelle , dont

Pluriel.

N. *Che, i quali, le quali,* qui, lesquels , lesquelles.

. *Di cui, de' quali, delle quali,* de qui , desquels,
desquelles , dont

D. *A cui, cui, ai quali , alle quali ,* à qui, auxquels,
auxquelles.

AC. *Che, cui, i quali, le quali,* que, lesquels, lesquelles.

AB. *Da cui, dai quali, dalle quali,* de qui, desquels,
desquelles , dont.

Il faut observer que *cui* se dit plus communément des personnes, et que *che*, *il quale*, *la quale*, disent des personnes et des choses.

On place souvent *di cui*, ou *cui*, entre l'article et le nom, comme dans les cas suivans et autres semblables : Une femme dont le nom est Aspasie, *una donna il di cui nome*, ou simplement *il cui nome è Aspasia*. L'homme à la protection de qui ou duquel je dois ma fortune, *l'uomo alla di cui*, ou *alla cui protezione io debbo la mia fortuna*.

Les poëtes se servent très-souvent de *onde* pour exprimer *di cui*, *del quale*, *della quale*, *dei quali*, *delle quali*, *du cui*, *dal quale*, *con cui*, *col quale*, *per cui*, etc.

> *Amor depose la faretra e l'arco*
> *Onde sempre va carco.* (TASSO).

L'amour déposa le carquois et l'arc dont il est toujours chargé.

Quale avec *tale* signifie qualité ou ressemblance, comme *quale e il padre*, *tale è il figlio*, tel est le père, tel est le fils; *tale quale io lo vidi*, tel que je le vis. Il peut aussi avoir la même signification sans *tale*, comme *divenne pallido qual è la morte*, il devint pâle comme la mort.

THÈME XIII

1. Qui a plus d'orgueil et moins d'humanité qu'un sot heureux ?

2. Que sert à l'insensé d'avoir de grands biens puisqu'ils ne peuvent lui servir à acheter la sagesse ?

3. La conscience est la voix de l'ame, les passions sont la voix du corps : laquelle des deux voix faut-il écouter ?

4. Quand je vois les oiseaux former leurs nids avec tant d'art, je demande quel maître leur a appris les mathématiques et l'architecture ?

5. Qu'est - ce que la vraie comédie ? C'est l'art d'enseigner la vertu et la bienséance en action et en dialogue.

6. Socrate fut instruit dans l'éloquence par une femme dont le nom étoit Aspasie ?

7. La première étude de l'homme, c'est l'homme même. A quoi lui servent les plus belles connoissances, s'il ne connoît ni lui ni ses semblables.

8. Philippe dit à son fils Alexandre, en lui donnant Aristote pour précepteur : « Apprenez sous un si bon maître à éviter les fautes dans lesquelles je suis tombé. »

9. Il n'a manqué à Térence que d'être moins froid. Quelle pureté ! quelle exactitude ! quels caractères ! Il n'a manqué à Molière que d'éviter le jargon et le barbarisme, et d'écrire purement. Quel feu ! quelle naïveté ! quelle source de bonne plaisanterie ! quelle imitation des mœurs ! quelles images et quel fléau du ridicule ! Mais quel homme on auroit fait de ces deux Comiques !

VOCABULAIRE.

1. A, *ha.* orgueil, *orgoglio.* humanité, *umanità.* sot, *sciocco.* heureux, *felice.*

2. Sert, *serve*. insensé, *insensato*. avoir, *avere*. grar ds biens, *gran ricchezze*. puisque , *poiche*. peuent, *possono*. servir, *servire*. acheter *comprare*. agesse , *sapienza*.

3. Conscience, *coscienza*. voix , *voce*. passion *passione*. sont, *sono*. corps, *corpo*. faut-il, *bisogna* écouter, *ascoltare*

4. Quand, *quando*. vois, *vedo*. oiseau , *uccello* former , *formare*. nid , *nido*. avec, *con*. art, *arte*. demande , *domando*. maître , *maestro*. a appris, *ha ensegnato*. mathématique, *matematica*. architecture, *architettura*.

5. Vrai, *vero*. comédie , *commedia*. c'est, *è*. enseigner, *insegnare*. vertu , *virtù*. bienséance, *decenza*. en action , *in azione*. en dialogue, *in dialogo*.

6. Fut instruit, *fu istruito*. éloquence, *eloquenza*. par , *da*. femme, *donna*. nom , *nome*. étoit Aspasie , *era Aspasia*.

7. Etude, *studio*. homme, *uomo*. même, *medesimo*. servent , *servono*. beau, *bello*. connoissance *cognizione*. s'il ne connoît ni, *se non conosce nè*. semblable, *simile*.

8. Philippe, *Filippo*. dit, *disse*. fils , *figlio*. Alexandre, *Alessandro*. en donnant, *dando*. Aristote , *Aristotele*. pour précepteur, *per precettore*. apprenez, *imparate*. sous , *sotto*. un si , *un così*. bon maître, *buon maestro*. éviter, *sfuggire*. faute, *fallo*. suis tombé, *sono caduto*.

9. Il n'a manqué, *non è mancato*. Térence , *Te-*

renzio. être, *essere.* froid, *freddo.* pureté, *purezza*
exactitude, *esattezza.* caractère, *carattere.* jargon
gergo. barbarisme, *barbarismo.* écrire, *scrivere.* pu
rement, *puramente.* feu, *fuoco.* naïveté, *naturalezza*
source, *sorgente.* bon, *buono.* plaisanterie, *facezia*
imitation, *imitazione.* mœurs, *costumi.* image, *im-*
magine. fléau, *flagello.* ridicule, *ridicolo.* mais, *ma.*
on auroit fait, *si sarebbe fatto.* comique, *comico.*

LEÇON XIV.

DES PRONOMS INDÉTERMINÉS.

Lorsque *tout*, *toute* se trouvent devant un substantif
au singulier sans l'article, ils se rendent par *ogni*, qui
est des deux genres, qui doit toujours précéder un
nom, et qui ne s'emploie qu'au singulier (*); comme
tout homme savant est loué, *ogni uomo dotto è lodato;*
toute femme prudente est estimée, *ogni donna pru-*
dente e stimata.

Tout le monde, tenant la place de *chacun* ou *de*
tous, se rend par *ognuno*, *ciascuno* ou *tutti.*

Altro, autre, lorsqu'il est employé absolument, et
sans rapport à aucun nom, signifie *autre chose;*
comme *parliamo d'altro*, parlons d'autre chose.

Altri est quelquefois employé substantivement au
singulier; et alors il ne se rapporte qu'aux personnes;
comme dans l'exemple suivant: *Altri è dotto*, *altri è*

(*) Il n'y a que le mot *Ognissanti*, qui signifie *la Toussaint*,
où *ogni* est joint à *santi*, qui est au pluriel

ignorante, l'un est savant, l'autre est ignorant, *ou* celui-ci est savant, celui-là est ignorant. On peut aussi dire : *chi è dotto, chi è ignorante ; qual è dotto, qual è ignorante ;* ou *questi è dotto, quegli è ignorante.*

Altrui n'a point de nominatif. Il fait au génitif *d'altrui*, d'autrui ; au datif, *ad altrui*, à autrui ; à l'ablatif, *da altrui*, d'autrui. On peut même supprimer les prépositions au génitif et au datif ; car on dit *il male altrui*, ou *l' altrui male* pour *il male d' altrui*, le mal d'autrui ; *ciò che si deve altrui*, ou *ciò che altrui si deve ;* pour *ciò che si deve ad altrui*, ce qu'on doit à autrui.

Altrui avec l'article signifie *le bien d'autrui*, comme : *bisogna guardarsi di tor l'altrui*, on doit se garder de prendre le bien d'autrui.

Niuno ou *nessuno*, personne ; *niente* ou *nulla*, rien, lorsqu'ils précèdent le verbe, n'admettent point la particule négative *non ;* comme : *niuno e pienamente felice*, personne n'est parfaitement heureux ; mais il faut employer *non*, lorsque *niuno*, *nessuno*, *niente*, *nulla* se mettent après le verbe ; comme : *non v'è nessuno*, il n'y a personne, etc.

Qualche, quelque, ne s'emploie qu'au singulier, et l'on dit au pluriel *alcuni*, *alcune*. Ex. Quelques messieurs, *alcuni signori ;* quelques dames, *alcune signore.*

Quelque, *tout*, devant un adjectif suivi de *que* et d'un verbe, se rendent par *per quanto* invariable, sans exprimer le *que*, ou simplement par *per*, en ex-

primant le *que*. Ex. Quelque savant que vous soyez ,
ou tout savant que vous êtes , vous ignorez bien des
choses, *per quanto dotto voi siate*, ou *per dotto che
voi siate, ignorate molte cose*. Quelque heureuse
qu'elle soit , elle se croit toujours malheureuse, *per
quanto fortunata ella sia*, ou *per fortunata ch' ella sia,
si crede sempre infelice*. Si *quelque* se trouve devan
un substantif, suivi de *que* et d'un verbe au subjonctif, il se rend par *per quanto*, qui s'accorde avec le substantif, et l'on n'exprime pas le *que*. Ex. Quelques
efforts qu'il fasse , il n'atteindra jamais son but, *per
quanti sforzi egli faccia, non arriverà mai al suo fine ,*
quelques richesses qu'ils possèdent, ils ne seront jamais contens, *per quante ricchezze eglino possedano,
non saranno mai contenti*.

THÈME XIV.

1. Personne n'a mieux connu les hommes que
La Bruyère, et personne n'a écrit plus naïvement
que La Fontaine.

2. Celui à qui personne ne plaît est plus malheureux que celui qui ne plaît à personne.

3. Quelques personnes sont fort vaillantes en paroles, mais dans l'effet on s'aperçoit du contraire.

4. La vieillesse est un tyran qui défend, sous peine
de la vie, tous les plaisirs de la jeunesse.

5. Dans ce monde l'un est riche, l'autre est pauvre; celui-ci est heureux, celui-là est malheureux.
Il n'y a **que** le vrai philosophe qui méprise tout.

6. L'amour et la fumée ne se peuvent cacher Quand on aime, tout parle de l'amour, et on découvre le secret, quelques efforts qu'on fasse pour le cacher.

7. Quelque ingénieux que fussent les Grecs et les Romains, ils n'ont cependant pas trouvé l'art d'imprimer les livres, ni de graver les estampes.

8. La femme, la mère, la fille de Darius, tout affligées et abattues qu'elles étoient, ne purent pas s'empêcher d'admirer la générosité d'Alexandre.

9. Quelques raisons qu'on puisse avoir d'être absent de sa patrie, il n'y en a aucune assez forte pour la faire oublier.

VOCABULAIRE.

1 A mieux connu, *ha meglio conosciuto*. homme, *uomo*. a écrit, *ha scritto*. naïvement, *naturalmente*.

2. Plaît, *piace*. est, *è*. malheureux, *infelice*.

3. Personne, *persona*. sont, *sono*. vaillant, *valoroso*. en, *in*. parole, *parola*. mais, *ma*. effet, *effetto*. on s'aperçoit, *uno s'accorge*. contraire, *contrario*.

4. Vieillesse, *vecchiaja*. tyran, *tiranno*. défend, *vieta*. sous peine, *sotto pena*. vie, *vita*. tout, *tutto*. plaisir, *piacere*. jeunesse, *gioventù*.

5. Dans, *in*. monde, *mondo*. riche, *ricco*. pauvre, *povero*. heureux, *felice*. Il n'y a que, *non v'è che*. vrai, *vero*. philosophe, *filosofo*. méprise, *disprezza*. tout, *tutto*.

6. Fumée, *fumo* m. ne peuvent cacher, *non possono nascondere*. quand, *quando*. on aime, *si ama*.

parle, *parla*. on découvre, *si scuopre*. secret, *secreto*. on fasse, *si facciano*. pour, *per*.

7 Ingénieux, *ingegnoso*. fussent, *fossero*. Grec, *Greco*. Romain, *Romano*. ils n'ont cependant pas trouvé, *non hanno però trovato*. art, *arte*. imprimer, *stampare*. livre, *libro*. ni, *nè*. graver, *incidere*. estampe, *rame*.

8. Femme, *moglie*. mère, *madre*. fille, *figlia*. Darius, *Dario*. affligé, *afflitto*. abattu, *abattuto* étoient, *fossero*. ne purent pas s'empêcher, *non poterono fare a meno*. admirer, *ammirare*. générosité, *generosità*.

9. Raison, *ragione*. on puisse avoir, *si possano avere*. d'être absent, *d'essere assente*. patrie, *patria*. il n'y en a aucune assez forte, *non ve n'è alcuna abbastanza forte*. pour, *per*. faire, *fare*. oublier, *dimenticare*.

∘∘

LEÇON XV.

DES VERBES AUXILIAIRES *AVERE*, AVOIR, ET *ESSERE*, ÊTRE.

Présent.	*Présent.*
J'ai, *io ho* (*).	Je suis, *io sono*
Tu as, *tu hai*.	Tu es, *tu sei, se'* ou *se*.

(*) La lettre H, comme on l'a vu dans la première leçon sur la prononciation, ne s'aspire, ni ne se prononce en aucune manière au commencement des mots italiens; on l'a conservée seulement

Il a, *egli ha.*

Nous avons, *noi abbiamo.*

Vous avez, *voi avete.*

Ils ont, *eglino hanno.*

Imparfait.

J'avois, *io aveva* ou *avea.*

Tu avois, *tu avevi.*

Il avoit, *egli aveva* ou *avea.*

Nous avions, *noi ave-vamo.*

Vous aviez, *voi avevate.*

Ils avoient, *eglino aveva-no* ou *aveano.*

Passé défini.

J'eus, *io ebbi.*

Tu eus, *tu avesti.*

Il eut, *egli ebbe.*

Nous eûmes, *noi avemmo.*

Vous eûtes, *voi aveste.*

Ils eurent, *eglino ebbero* ou *ebbono.*

Il est, *egli è.*

Nous sommes, *noi siamo*

Vous êtes, *voi siete.*

Ils sont, *eglino sono.*

Imparfait.

J'étois, *io era* (*).

Tu étois, *tu eri.*

Il étoit, *egli era*

Nous étions, *noi eravamo*

Vous étiez, *voi eravate.*

Ils étoient, *eglino erano.*

Passé défini.

Je fus, *io fui.*

Tu fus, *tu fosti.*

Il fut, *egli fu.*

Nous fûmes, *noi fummo.*

Vous fûtes, *voi foste.*

Ils furent, *eglino furono*

à la tête de ces quatre personnes du verbe *avere : ho, hai, ha, hanno,* pour les distinguer d'autres mots qui ont une signification différente. Des auteurs modernes ont introduit l'usage de retrancher cette ɴ, et d'y substituer un accent sur la voyelle qui alors commence le mot. Ils écrivent donc *ò, ài, à, ànno.*

(*) Quelques-uns disent *avevo, ero,* au lieu de *aveva, era,* et se servent de la terminaison en *o* pour tous les verbes à la pre-

Passe indéfini.

J'ai eu, *io ho avuto*, etc.

Passe indéfini.

J'ai été, *io sono stato* ou *stata*, etc.

Plusque-parfait.

J vois eu, *io aveva avuto*, etc.

Plusque-parfait.

J'avois été, *io era stato* ou *stata*, etc. (*)

Futur.

J'aurai, *io avrò.*

Tu auras, *tu avrai.*

Il aura, *egli avrà.*

Nous aurons, *noi avremo.*

Vous aurez, *voi avrete.*

Ils auront, *eglino avranno.*

Futur.

Je serai, *io sarò.*

Tu seras, *tu sarai.*

Il sera, *egli sarà*, ou *fia* ou *fie.*

Nous serons, *noi saremo.*

Vous serez, *voi sarete.*

Ils seront, *eglino saranno* ou *fieno.*

---

mière personne de l'imparfait ; comme : *compravo*, *vendevo*, *servivo*, j'achetois, je vendois, je servois ; mais cette manière n'est guère en usage chez les bons auteurs.

(*) Il faut que les étrangers fassent bien attention à deux choses 1° que dans les temps composés du verbe *essere*, on emploie le même verbe pour servir d'auxiliaire, et non pas le verbe *avere*, on dit *io sono stato*, *io era stato*, etc., et non pas, *io ho stato*, *io aveva stato*, etc. ; 2° que le participe passé s'accorde en genre et en nombre avec le nominatif : et on dit, pour le masculin : *io sono stato* au singulier, et *noi siamo stati*, etc., au pluriel, j'ai été, nous avons été ; pour le féminin, on dit *io sono stata* au singulier, et *noi siamo state*, etc., au pluriel.

(95)

Impératif.

Aie, *abbi.*
Qu'il ait, *abbia.*
Ayons, *abbiamo.*
Ayez, *abbiate.*
Qu'ils aient, *abbiano.*

Présent conjonctif.

Que... *Che...*
J'aie, *io abbia.*
Tu aies, *tu abbi* ou *abbia.*
Il ait, *egli abbia.*
Nous ayons, *noi abbiamo.*
Vous ayez, *voi abbiate.*
Ils aient, *eglino abbiano.*

Imparfait conjonctif.

Que... *Che..*
J'eusse, *io avessi.*
Tu eusses, *tu avessi.*
Il eût, *egli avesse.*
Nous eussions, *noi avessimo.*
Vous eussiez, *voi aveste.*
Ils eussent, *eglino avessero.*

Temps incertain.

J'aurois, *io avrei*
Tu aurois, *tu avresti.*

Impératif.

Sois, *sii* ou *sia.*
Qu'il soit, *sia.*
Soyons, *siamo.*
Soyez, *siate.*
Qu'ils soient, *siano.*

Présent conjonctif.

Que... *Che...*
Je sois, *io sia.*
Tu sois, *tu sii* ou *sia.*
Il soit, *egli sia.*
Nous soyons, *noi siamo.*
Vous soyez, *voi siate.*
Ils soient, *eglino siano* ou *sieno.*

Imparfait conjonctif.

Que... *Che...*
Je fusse, *io fossi*
Tu fusses, *tu fossi.*
Il fût, *egli fosse.*
Nous fussions, *noi fossimo.*
Vous fussiez, *voi foste.*
Ils fussent, *eglino fossero* ou *fossono.*

Temps incertain.

Je serois, *io sarei.*
Tu serois, *tu saresti.*

Il auroit, *egli avrebbe.*

Il seroit, *egli sarebbe*, ou *saria*, ou *fora.*

Nous aurions, *noi avremmo.*

Nous serions, *noi saremmo.*

Vous auriez, *voi avreste.*

Vous seriez, *voi sareste.*

Ils auroient, *eglino avrebbero.*

Ils seroient, *eglino sarebbero*, ou *sarebbono*, ou *sariano*, ou *forano.*

Participe présent.

Ayant ou en ayant.
$\begin{cases} \textit{avendo.} \\ \textit{in avere.} \\ \textit{nell' avere.} \\ \textit{con avere.} \\ \textit{coll' avere.} \end{cases}$

Participe présent.

étant ou en étant.
$\begin{cases} \textit{essendo} \\ \textit{in essere.} \\ \textit{nell' essere} \\ \textit{con essere.} \\ \textit{coll' essere.} \end{cases}$

Participe passé.

Eu, eue, *avuto* m. *avuta* f.
Plur. *avuti* m. *avute.* f.

Participe passé.

Eté, *stato* m. *stata* f.
Plur. *stati* m. *state* f. (*)

Pour mieux apprendre ces deux verbes, on pourroit les conjuguer ensemble, et dire : *io ho un libro e ne sono contento*, j'ai un livre, et j'en suis content *tu hai un libro, e ne sei contento*, tu as un livre et tu en es content ; et ainsi du reste.

OBSERVATIONS.

On supprime très-souvent en italien les pronom au nominatif, et on dit : *ho, hai, ha*, etc.. *sono, sei*,

(*) *Voyez* la note précédente.

è, au lieu de *io ho*, *tu hai*, etc.; ce que l'on peut faire aussi dans tous les autres verbes.

Pour la négation, on se sert de *non*, qui signifi *ne*, *ne pas*, *ne point*; comme : je n'ai pas d'argent ou je n'ai point d'argent, *io non ho danaro* (*); tu n'e pas diligent, *tu non sei diligente*, etc.

Dans les interrogations, on peut mettre les pronoms personnels après le verbe; comme *ho io ?* ai-je ? *sei tu ?* es-tu ? etc., ou supprimer les pronoms, comme : *ho parlato bene ?* ai-je bien parlé ? *hai capito ?* as-tu compris ? etc. Le ton de la voix indiquera l'interrogation.

Lorsque la préposition *à* précède un infinitif qui dépend des verbes *avoir* ou *être*, elle se rend en italien par *da* ; comme : j'ai à vous remercier, *ho da ringraziarvi* ; il est à craindre, *è da temersi*, etc. (**)

Essere per ou *stare per*, signifie être sur le point ou près de ; comme *io sono* ou *sto per partire*, je suis sur le point, *ou* près de partir, *ou* je vais partir.

Lorsque le verbe *essere* signifie la possession, il gouverne le génitif. Ex. *Di chi è questa penna ? è di mio fratello* ; à qui est cette plume ? elle est à mon frère

C'est moi, c'est toi, c'est lui, c'est nous, c'est vous, ce sont eux, se rendent en italien par *son io, sei tu, è egli, siamo noi, siete voi, sono eglino*, etc.

(*) Observez que les Italiens n'expriment pas le *de* qui précède le substantif dans cette phrase et autres semblables.

(**) Remarquez que l'infinitif qui suit la préposition *da*, précédée du verbe *essere*, reçoit souvent le *si* qui représente le passif.

E

Pour rendre en italien *c'est de moi qu'on parle, c'est à toi que je l'ai ordonné,* ou autres phrases semblables, on dit : *di me si parla,* ou *si parla di me ; a te l'ho comandato,* ou *l'ho comandato a te,* etc.

Lorsque *c'est à moi, c'est à toi, c'est à lui, c'est à nous,* etc., sont suivis d'un verbe ; comme : *c'est à moi à parler, c'est à toi à jouer,* etc., on dit : *sta a me* ou *tocca a me a parlare, sta a te* ou *tocca a te a giuocare,* etc.

Il y a, il y avoit, etc., se rendent en italien de la manière suivante :

Il y a, *c'è* ou *v'è ;* au pluriel, *ci sono* ou *vi sono.*

Il y avoit, *c'era* ou *v'era ;* au pluriel, *c'erano* ou *v'erano.*

Il y eut, *ci fu* ou *vi fu ;* au pluriel, *ci furono* ou *vi furono.*

Il y a eu, *c'è* ou *v'è stato* ou *stata ;* au pluriel, *ci sono* ou *vi sono stati* ou *state ;* et ainsi des autres temps.

Il y en a, il y en avoit, etc., *ce n'è* ou *ve n'è, ce ne sono* ou *ve ne sono, ce n'era* ou *ve n'era, ce n'erano* ou *ve n'erano,* etc.

Observez qu'il faut mettre ce verbe au pluriel, lorsque le nom dont il est suivi est au pluriel ; comme : il y a de beaux édifices en Italie, *vi sono belle fabbriche in Italia,* et non pas *v'è.*

On supprime *ci* ou *vi,* quand on parle d'un espace de temps ; comme : il y a deux mois que vous apprenez l'italien, *sono due mesi che imparate l'italiano.* Lorsqu'il s'agit d'une chose qui est tout-à-fait passée, comme : cela arriva il y a deux mois on peut dire : *ciò accadde due mesi fa.*

THÈME XV.

1. L'esprit de politesse consiste à faire, par nos paroles et nos manières, que les autres soient contens de nous et d'eux-mêmes.

2. Nous aurions souvent honte de nos plus belles actions, si le monde voyoit tous les motifs qui les produisent.

3. Il y a eu des philosophes qui ont soutenu que toutes les passions étoient mauvaises ; mais vouloir détruire les passions, ce seroit entreprendre de nous anéantir, il ne faut que les régler.

4. Vouloir qu'un sot ne soit point présomptueux, c'est vouloir qu'un sot ne soit point sot.

5. Comme on s'étonnoit qu'un homme eût donné sa fille en mariage à son ennemi : c'est pour me venger, dit-il.

6. Dolabella disoit à Cicéron : savez-vous bien que je n'ai que trente ans ? Je dois le savoir, répondi' Cicéron, car il y a plus de dix ans que vous me le dites.

7. Démétrius de Phalère ayant été informé que les Athéniens avoient renversé ses statues : « Ils n'ont pas dit-il, renversé la vertu qui me les a dressées.»

8. La reine Elisabeth étant allée voir le chancelier Bacon dans une maison de campagne qu'il avoit fait bâtir avant sa fortune : d'où vient, lui dit-elle, que

vous avez fait une si petite maison? Ce n'est pas moi, madame, répondit le chancelier, qui ai fait ma maison trop petite; c'est vous qui m'avez fait trop grand pour ma maison.

9. Jules César étant tombé de cheval en Afrique où il étoit allé pour la conquérir : « C'est bon signe, dit-il, que l'Afrique soit sous moi; ce n'est point une chûte, c'est une prise de possession. »

10. Quelqu'un ayant fait observer à M. de Monta. que les ennemis qu'il alloit chercher paroissoient être supérieurs en nombre : « Soyons courageux, dit-il, nous les compterons quand nous les aurons défaits. »

11. Un particulier ayant présenté l'anagramme de Henri-le-Grand à ce prince, dans l'espérance d'en recevoir une récompense, le roi lui demanda quelle étoit sa profession. Sire, lui dit-il, ma profession est de faire des anagrammes; mais je suis fort pauvre. Il n'est pas étonnant que vous le soyez, reprit le roi, car vous faites-là un pauvre métier.

VOCABULAIRE.

1. Esprit, *spirito.* politesse, *urbanità.* consiste *consiste.* faire, *fare.* par (tournez *avec*). parole, *parola.* manière, *maniera.* autre, *altro.* content, *contento.* même, *stesso.*

2. Souvent, *spesso.* honte, *vergogna.* beau, *bello.* action, *azione.* si, *se.* monde, *mondo.* voyoit, *vedesse.* tout, *tutto.* motif, *motivo.* produisent, *producono.*

3. Philosophe, *filosofo*. soutenu, *sostenuto*. passion, *passione*. mauvais-, *cattivo*. mais vouloir détruire, *ma voler distruggere*. entreprendre, *intraprendere*. anéantir, *annichilare*. il ne faut que, *bisogna soltanto*. régler, *governare*.

4. Sot, *sciocco*. présomptueux, *presuntuoso*.

5. Comme on s'étonnoit, *maravigliandosi alcuno*
donné, *dato*. fille, *figlia*. en mariage, *in matrimonio*.
ennemi, *nemico*. pour, *per*. venger, *vendicare*. dit-il,
diss' egli.

6. Dolabella disoit, *Dolabella diceva*. Cicéron, *Cicerone*. savez, *sapete*. ne que, *solamente*. an, *anno*.
dois, *devo*. savoir, *sapere*. répondit, *rispose*. car,
poichè. dites, *dite*.

7. Démétrius de Phalère, *Demetrio Falereo*. informé, *informato*. Athénien, *Ateniese*. renversé, *ab-
battuto*. statue, *statua*. vertu, *virtù*. dressé, *innalzato*.

8. Reine Elizabeth, *regina Elisabetta*. allé, *andato*.
voir, *a vedere*. chancelier, *cancelliere*. dans, *in*.
maison, *casa*. campagne, *campagna*. fait, *fatto*. bâtir, *fabbricare*. avant, *avanti*. fortune, *fortuna*. d'où
vient, *onde previene*. dit, *disse*. si petit, *così piccolo*.
trop, *troppo*. grand, *grande*.

9. Jules César, *Giulio Cesare*. tombé, *caduto*.
cheval, *cavallo*. Afrique, *Affrica*. où, *dove*. allé,
andato. conquérir, *conquistare*. bon signe, *buon segno*. sous, *sotto*. chute, *caduta*. une prise de possession, *un prender possesso*.

10. Quelqu'un, *alcuno*. fait, *fatto*. observer, so-

servare. ennemi, *nemico.* alloit chercher, *andava a cercare.* paroissoient, *parevano.* supérieur, *superiore.* en nombre, *in numero.* courageux, *coraggioso.* compterons, *conteremo.* quand, *quando.* défait, *sconfitto.*

11 Un particulier, *un uomo.* présenté, *presentato.* anagramme, *anagramma.* Henri, *Enrico.* grand, *grande.* prince, *principe.* dans l' (tournez *avec l'*). espérance, *speranza.* recevoir, *ricevere.* récompense, *ricompensa.* roi, *re.* demanda, *domandò.* profession, *professione.* sire, *sire.* dit, *disse.* faire, *fare.* mais, *ma.* pauvre, *povero.* étrange, *straordinario.* reprit, *ripigliò.* car, *poichè.* faites-là, *fate.* métier, *mestiere.*

LEÇON XVI.

DES VERBES ET DES PARTICIPES.

Conjugaison des trois verbes réguliers en are, ere, ire.

INFINITIF.

Compr are.   Vend ere.   Serv ire.
Acheter.   *Vendre.*   *Servir.*

PRÉSENT.

J'achète, etc.   *Je vends,* etc.   *Je sers,* etc.
Compr o.   Vend o   Serv o.
Compr i   Vend i.   Serv i.
Compr a.   Vend e.   Serv e.
Compr iamo   Vend iamo.   Serv iamo.
Compr ate.   Vend ete.   Serv ite.
Compr ano.   Vend ono.   Serv ono.

IMPARFAIT.

J'achetois, etc.	*Je vendois*, etc.	*Je servois*, etc.
Compr ava.	Vend eva.	Serv iva.
Compr avi.	Vend evi.	Serv ivi.
Compr ava.	Vend eva.	Serv iva.
Compr avamo.	Vend evamo.	Serv ivamo.
Compr avate.	Vend evate.	Serv ivate.
Compr avano.	Vend evano (*).	Serv ivano.

PASSÉ DÉFINI.

J'achetai, etc	*Je vendis*, etc.	*Je servis*, etc.
Compr ai.	Vend ei (**).	Serv ii.
Compr asti.	Vend esti.	Serv isti.
Compr ò.	Vend è.	Serv ì.
Compr ammo.	Vend emmo.	Serv immo.
Compr aste.	Vend este.	Serv iste.
Compr arono.	Vend erono.	Serv irono.

PASSÉ INDÉFINI.

J'ai acheté, etc.	*J'ai vendu*, etc.	*J'ai servi*, etc.
Ho compr ato, etc.	Ho vend uto, etc.	Ho serv ito, etc.

PLUSQUE-PARFAIT

J'avois acheté.	*J'avois vendu*.	*J'avois servi*.
Aveva comprato, etc.	Aveva venduto, etc.	Aveva servito, etc.

(*) On dit aussi *vendea, vendeano*, au lieu de *vendeva, vendevano*.

(**) La plupart des verbes de cette conjugaison ont deux terminaisons au passé défini; savoir, en *ei* et en *etti*: comme *vendè* ou *vendetti, vendè* ou *vendette, venderono* ou *vendettero*.

(104)

FUTUR.

J'acheterai, etc.	*Je vendrai*, etc.	*Je servirai*, e
Compr erò.	Vend erò.	Serv irò.
Compr erai.	Vend erai.	Serv irai
Compr erà.	Vend erà.	Serv irà.
Compr eremo.	Vend eremo.	Serv iremo.
Compr erete.	Vend erete.	Serv irete.
Compr eranno.	Vend eranno.	Serv iranno.

IMPÉRATIF.

Achète, etc.	*Vends*, etc.	*Sers*, etc.
Compr a.	Vend i.	Serv i.
Compr i.	Vend a.	Serv a.
Compr iamo.	Vend iamo.	Serv iamo.
Compr ate.	Vend ete.	Serv ite.
Compr ino.	Vend ano.	Serv ano.

PRÉSENT CONJONCTIF.

Che (que)	*Che* (que)	*Che* (que)
J'achète.	*Je vende.*	*Je serve.*
Compr i.	Vend a.	Serv a.
Compr i.	Vend a.	Serv a.
Compr i.	Vend a.	Serv a.
Compr iamo.	Vend iamo.	Serv iamo.
Compr iate.	Vend iate.	Serv iate.
Compr ino.	Vend ano.	Serv ano.

IMPARFAIT CONJONCTIF.

Che (que)	*Che* (que)	*Che* (que)
J'achetasse.	*Je vendisse.*	*Je servisse*
Compr assi,	Vend essi.	Serv issi.
Compr assi.	Vend essi	Serv issi.

Compr asse.	Vend esse.	Serv isse.
Compr assimo.	Vend essimo.	Serv issimo.
Compr aste.	Vend este.	Serv iste.
Compr assero.	Vend essero.	Serv issero.

TEMPS INCERTAIN.

J'acheterois.	*Je vendrois.*	*Je servirois.*
Compr erei.	Vend erei.	Serv irei.
Compr eresti.	Vend eresti.	Serv iresti.
Compr erebbe.	Vend erebbe.	Serv irebbe.
Compr eremmo.	Vend eremmo.	Serv iremmo.
Compr ereste.	Vend ereste.	Serv ireste.
Compr erebbero.	Vend erebbero.	Serv irebbero.

PARTICIPE PRÉSENT.

| *Achetant* ou *en achetant.* | *Vendant* ou *en vendant.* | *Servant* ou *en servant.* |
| Compr ando. | Vend endo. | Serv endo. |

Con		Con		Con	
Col*	Compr are.	Col	Vend ere.	Col	Serv ire.
In		In		In	
Nel		Nel		Nel	

PARTICIPE PASSÉ.

| *Acheté, ée, és, ées,* | *Vendu, ue, us, ues,* | *Servi, ie, is, ies.* |
| Compr ato, ata, ati, ate (**). | Vend uto, uta, uti, ute. | Serv ito, ita, iti, ite. |

(*) Lorsque le verbe commence par une s suivie d'une autre consonne, on se sert de *nello, collo,* au lieu de *nel, col;* comme *nello scrivere, collo studiare,* en écrivant, en étudiant ; et lorsqu'on se sert de *in, con,* on ajoute un *i* au verbe ; comme *in iscrivere con istudiare.*

(**) Observez que les poëtes emploient très-souvent, comme

On pourroit conjuguer ensemble les trois verbes réguliers de la manière suivante ; *Compro le mie mercanzie, le vendo a buon mercato, e servo bene i miei amici,* j'achète mes marchandises, je les vends à bon marché, et je sers bien mes amis. *Compri le tue mercanzie, le vendi a buon mercato, e servi bene i tuoi amici,* tu achètes tes marchandises, tu les vends à bon marché et tu sers bien tes amis ; et ainsi du reste.

REMARQUES SUR LES VERBES ET SUR LES PARTICIPES.

Les verbes terminés en *care, gare,* comme *mancare, pagare,* manquer, payer, prennent une *h* après le *c* et le *g* dans les temps où le *c* ou le *g* se rencontre devant les voyelles *e* ou *i;* comme *manchi, paghi, mancherò, pagherò,* etc.

A la seconde personne du singulier de l'impératif, lorsqu'il y a une négation, on se sert de l'infinitif, au lieu de l'impératif, parce qu'on sous-entend je te prie, ou je t'ordonne, *ti prego, o ti ordino;* comme: n'achète pas cette maison, *non comprar quella casa;* ne vends pas ta marchandise, *non vender la tua mercanzia.*

Le verbe *falloir* se rend par *volere,* lorsqu'il est

---

participes de la première conjugaison, les mots suivans qui sont plutôt des adjectifs : *adorno* pour *adornato,* orné; *compro* pour *comprato,* acheté; *desto* pour *destato,* éveillé; *domo* pour *domato,* dompté; *guasto* pour *guastato,* gâté; *privo* pour *privato,* privé; *scemo* pour *scemato,* diminué, et plusieurs autres qu'on apprendra par la lecture des auteurs;

suivi d'un nom, et on y ajoute *vi* ou *ci*. Ex. Il faut du temps pour apprendre une langue, *vi vuole*, ou *ci vuole del tempo per imparare una lingua*. Lorsque *falloir* est suivi d'un verbe à l'infinitif, ou au conjonctif, il se rend par *bisognare*. Ex. Il faut avoir patience, *bisogna aver pazienza*; il faut que je vous dise la vérité, *bisogna ch' io vi dica la verità*; mais lorsqu'il est uni à un pronom conjonctif, on se sert ordinairement de *aver bisogno*. Ex. Il me faut un habit, *ho bisogno d'un vestito*.

Les verbes croire, *credere*, paroître, *parere* ou *sembrare*, et autres semblables, lorsqu'ils annoncent une simple opinion, et non pas une adhésion positive à ce que l'on dit, gouvernent en italien le conjonctif; comme: je crois que vous vous trompez, *credo che v' inganniate*; il paroissoit que vos raisons étoient bonnes, *pareva* ou *sembrava che le vostre ragioni fossero buone*.

Aller se rend par *venire*, lorsqu'il est question d'aller chez *ou* avec la personne à laquelle on parle. Ex. Je vais chez vous, *vengo da voi*; j'irai avec vous, *verrò con voi*, etc.

En français, la particule conditionnelle *si* régit l'imparfait de l'indicatif, et en italien elle gouverne l'imparfait du conjonctif; comme: si j'avois de l'argent, j'acheterois des livres, *se avessi danaro, comprerei de' libri*; mais lorsqu'on parle d'un temps passé, il faut employer l'imparfait de l'indicatif; comme: si dans ce temps-là j'avois des livres italiens, ils n'étoient pas à moi, *se allora io aveva libri italiani, non erano miei.*

Après la particule conditionnelle *se*, si, on se sert en italien du futur, toutes les fois qu'on veut parler d'une action à venir, quoique les Français, en pareil cas, se servent du présent, comme : s'il vient nous le verrons, *se verrà, lo vedremo ;* j'irai le voir demain, si j'ai le temps, *andrò a vederlo domani, se avrò tempo,* et non pas *se viene, se ho tempo,* etc.

Quelquefois on peut se servir de l'infinitif en place de l'indicatif, à la manière des Latins. Ex. Vous savez que Dieu est miséricordieux, *sapete che Dio è misericordioso,* ou *sapete esser Dio misericordioso.*

Les Italiens emploient toujours le temps incertain, lorsque dans une phrase française on peut tourner l'imparfait du conjonctif par le temps incertain ; comme : il m'eût fait plaisir ; *m'avrebbe fatto piacere ;* parce qu'on peut dire : il m'auroit fait plaisir.

Pour rendre en italien : quand cela seroit, quand cela arriveroit *ou* quand même cela seroit, quand même cela arriveroit, et autres phrases semblables, il faut dire : *quando ciò fosse, quando ciò accadesse,* ou *quand' anche ciò fosse, quand' anche ciò accadesse,* etc., et non pas *quando ciò sarebbe, quando ciò accaderebbe.*

Observez que lorsque le verbe craindre, *temere,* est suivi de la conjonction *que,* et de la particule négative *ne,* cette particule se supprime en italien. Ex. Il craint que son ami ne parte, *teme che il suo amico parta ;* mais pour exprimer : je crains que mon ami ne vienne pas, ou toute autre phrase semblable, il faut rendre *ne pas* par *non*, et dire : *temo che il mio amico non venga.*

Pour exprimer en français la proximité d'une action faite ou à faire, on se sert des verbes *venir, aller ;* mais en italien, on s'exprime de la manière suivante : Je viens de le voir, *l'ho veduto poco fa, poc' anzi, testé, ora, or ora, in questo punto.* Vous ne croirez pas ce que je vais vous dire, *non crederete quel che vi dirò, quel che sono per dirvi,* ou *quel che mi farò ora a dirvi.* Je vais venir, *vengo subito,* etc.

Quant au participe passé, il faut observer qu'il s'accorde ordinairement, comme en français, avec son régime direct, quand ce régime précède le participe ; comme : la lettre que j'ai écrite, *la lettera che ho scritta ;* mais quand le régime est placé après le participe, on peut accorder, ou ne pas accorder le participe avec son régime. Ainsi on peut dire : *ho scritto la lettera,* ou *ho scritta la lettera,* j'ai écrit la lettre.

Les verbes passifs se forment avec l'auxiliare *essere* et le participe passé qui s'accorde avec le sujet, et ils gouvernent l'ablatif. Ex. *L'uomo diligente è lodato da tutti,* l'homme diligent est loué de tout le monde (*).

(*) On peut aussi se servir de *venire*, à la place du verbe *essere*, et surtout au présent ; comme : *viene lodato da tutti,* au lieu de dire, *è lodato da tutti.*

Les participes absolus se forment en supprimant les mots *avendo* ou *essendo* ; comme : *fatto questo*, ayant fait cela ; *finita la cena*, le souper étant fini.

Après qu'il eut vu son ami ; *lorsqu'il aura lu mon livre*, et autres phrases semblables, peuvent se rendre en italien de la manière suivante : *veduto ch' ebbe il suo amico* ; *letto che avrà il mio libro*, etc.

THÈME XVI.

1. Un bourgeois de Plaisance très-pauvre, trouvant, de nuit, des voleurs dans sa maison, leur dit, sans s'émouvoir : Je ne conçois pas ce que vous cherchez dans ma maison pendant la nuit, puisque moi-même je n'y trouve rien dans le jour.

2. Un homme ayant prêté une somme assez considérable à un de ses amis, celui-ci fut peu exact à la lui rendre, et il fuyoit son créancier, qui, l'ayant rencontré lui dit : Ou rendez-moi mon argent, ou rendez-moi mon ami.

3. Un homme qui avoit mauvaise réputation avoit écrit à la porte de sa maison ces mots : Que rien de mauvais n'entre ici. Un philosophe demanda, voyant cette inscription, par où donc entre le maître de la maison ?

4. Un peintre se glorifioit devant Apelles de peindre fort vite. On le voit bien, répondit ce célèbre artiste.

5. Un prédicateur avoit ennuyé tout son auditoire, en prêchant sur les béatitudes. Une dame lui dit malignement après le sermon, qu'il en avoit oublié une.

Laquelle? reprit le prédicateur. Celle-ci, ajouta la dame: Bienheureux ceux qui n'étoient pas à votre sermon.

6. Théophraste parle d'un vieillard qui se fardoit Archidamus, plaidant contre lui devant le sénat de Lacédémone, dit qu'il ne falloit pas croire un homme qui portoit le mensonge sur le front.

7. Un homme de la cour de Louis XIII jouoit au piquet dans une galerie ouverte. Ayant reconnu qu'il avoit mal écarté, il s'écria : Je suis un franc Goussaut (c'étoit le nom d'un président qui ne passoit pas pour un des hommes les plus éclairés de son temps). Ce président se trouva par hasard derrière le joueur qui ne l'avoit pas aperçu, et fort offensé d'être cité en cette occasion, lui dit : « Vous êtes un sot. » Vous avez raison, lui repartit le joueur ; c'est ce que je voulois dire.

8. Beautru, étant en Espagne, alla visiter la fameuse bibliothèque de l'Escurial, où il trouva un bibliothécaire fort ignorant. Le roi l'interrogea sur cette bibliothèque. Elle est très-belle, dit-il ; mais votre majesté devroit donner à celui qui en a le soin l'administration de ses finances. Et pourquoi ? dit le roi. C'est, répondit Beautru, que cet homme ne touche pas au dépôt qui lui est confié.

VOCABULAIRE.

1. Bourgeois, *cittadino*. Plaisance, *Piacenza*. pauvre, *povero*. trouver, *trovare*. nuit, *notte*. voleur, *ladro*. maison, *casa*. dit, *disse* sans, *senza*. s'émou-

voir, *turbarsi.* concevoir, *comprendere.* chercher *cercare.* pendant la nuit, *di notte tempo.* puisque *poiché.* (je se supprime). rien, *niente.* jour, *giorno.*

2. Homme, *uomo.* prêter, *prestare.* somme, *somma.* assez considérable, *assai considerabile.* ami, *amico.* peu exact, *poco esatto.* rendre, *rendere.* fuir, *sfuggire.* créancier, *creditore.* rencontrer, *incontrare.* ou, *o.* argent, *danaro.*

3. Mauvais, *cattivo.* réputation, *riputazione.* écrit, *scritto.* porte, *porta.* mot, *parola.* entrer, *entrare.* ici, *qui.* philosophe, *filosofo.* demander, *domandare.* voir, *vedere.* inscription, *inscrizione.* par où, *per dove.* donc, *dunque.* maître, *padrone.*

4. Peintre, *pittore.* glorifier, *vantare.* devant Apelles, *in faccia d'Apelle.* peindre, *dipingere.* vite, *presto.* on le voit, *si vede.* bien, *bene.* répondit, *rispose.* célèbre artiste, *celebre artefice.*

5. Prédicateur, *predicatore.* ennuyer, *annojare.* auditoire, *uditorio.* prêcher, *predicare.* sur, *su.* béatitude, *beatitudine.* dame, *signora.* malignement, *malignamente.* après, *dopo.* sermon, *predica.* oublier, *dimenticare.* reprendre, *replicare.* ajouter, *ripigliare* bienheureux, *beato.*

6. Théophraste, *Teofrasto.* parler, *parlare.* vieillard, *vecchio.* farder, *imbellettare.* Archidamus, *Archidamo.* plaider, *litigare.* contre, *contro.* devant, *innanzi.* sénat, *senato.* Lacédémone, *Lacedemonia.* falloir, *bisognare.* croire, *credere.* porter, *portare.* mensonge, *menzogna.* front, *fronte*

7. Homme, *uomo.* cour, *corte.* Louis, *Luigi.* jouer, *giuocare.* piquet, *piochetto.* dans, *in.* galerie ouverte, *galleria aperta.* reconnu, *riconosciuto.* écarter , *scartare.* s'écrier, *sclamare.* franc, *vero.* nom, *nome.* président, *presidente.* passer, *passare.* pour, *per.* éclairer, *illuminare.* temps, *tempo.* trouver, *trovare.* par hasard, *a caso.* derrière, *dietro.* joueur, *giuocatore.* apercevoir, *osservare.* fort offensé, *molto offeso.* citer, *citare.* en, *in.* occasion, *occasione.* dit, *disse.* sot, *sciocco.* raison, *ragione.* repartit, *rispose.* vouloir, *volere.* dire, *dire.*

8. En Espagne, *in Ispagna.* aller, *andare.* visiter, *a visitare.* fameux, *famoso.* bibliothèque, *libreria.* où , *dove.* bibliothécaire, *bibliotecario.* ignorant, *ignorante.* roi , *re.* interroger, *interrogare.* beau, *bello.* mais, *ma.* majesté, *maestà.* devoir, *dovere.* donner, *dare.* soin, *cura.* administration, *amministrazione.* finance, *finanza.* pourquoi, *perche.* toucher, *toccare.* dépôt, *deposito.* confier, *confidare.*

LEÇON XVII.

DES VERBES IRRÉGULIERS.

Il n'y a que quatre verbes irréguliers dans la première conjugaison en *are* ; savoir, *andare, dare, fare, stare.*

Le verbe *andare*, aller, comme aussi tous les verbe de mouvement, tels que *venire*, venir; *mandare*, en-

voyer ; *correre*, courir, etc., suivis d'un autre verbe
à l'infinitif qui en dépend, prennent la préposition *a*,
si le verbe qui suit commence par une consonne, et
ad, s'il commence par une voyelle ; comme *vado a
trovare i miei amici*, je vais trouver mes amis ; *venite
ad avvisarmi*, venez m'avertir, etc.

On emploie quelquefois le verbe *andare* à la troisième personne du présent, au lieu du verbe *dovere*,
devoir, comme: *questa cosa non va fatta*, *questa cosa
non va detta*, etc., on ne doit pas faire cela, on ne
doit pas dire cela, etc.

On peut aussi se servir des verbes *andare, stare, venire*, avec le participe présent, pour exprimer une
certaine continuation ou succession de temps, comme : *io vo leggendo*, je lis ; *tu stai giuocando*, tu joues ;
egli mi vien raccontando, il me raconte, etc.

Quand le verbe donner, *dare*, est suivi d'un autre
verbe à l'infinitif qui en dépend, on rend la préposition *a* par *da* ; comme, donnez-moi à manger, *datemi
da mangiare* ; donnez-nous à boire, *dateci da bere*.

TABLE DES VERBES IRRÉGULIERS.

Remarquez que les verbes irréguliers de la 2e et de
la 3e conjugaison n'ont que quelques temps irréguliers, et que le temps qui l'est le plus généralement
est le prétérit défini. Je vais donner quelques règles
pour bien comprendre cette irrégularité.

La première personne du prétérit défini se termine
en *i*, comme *eccesi*, j'allumai. La seconde suit la

terminaison de l'infinitif, et elle est régulière ; *accen-*
testi, tu allumas. La troisième finit en *e*; elle est irrégulière ; *accese*, il alluma. La première et la seconde du pluriel sont régulières, comme *accendem*
mo, nous allumâmes ; *accendeste*, vous allumâtes ;
à la troisème du singulier qui est irrégulière, on n'a
qu'à ajouter la syllabe *ro*, *accesero*, ils allumèrent,
pour former la troisième personne du pluriel. Le participe présent est toujours régulier; le passé se forme
de la première personne du prétérit défini, en sub-
stituant la terminaison masculine ou féminine, *ac-*
ceso, *accesi*, *accesa*, *accese*.

Pour ne pas confondre la terminaison brève ou
longue des verbes de la seconde conjugaison, je les ai
séparées; et, outre la première personne du parfait
défini, j'y ai ajouté la seconde, qui est régulière, ce
qui mettra les élèves à même de conjuguer sans dif-
ficulté.

Afin qu'on puisse conjuguer plus facilement les
verbes irréguliers, j'ai indiqué dans les quatre pre-
miers verbes les temps mêmes qui sont réguliers.

VERBES IRRÉGULIERS DE LA PREMIÈRE CONJU-GAISON EN *ARE*.

ndare, aller. *prés.* io va-do *ou* vo ; tu vai, egli va, noi andiamo, voi anda-te, eglino vanno. *imp.* io andava, tu andavi, etc. *pas. défini.* io andai, tu andasti, egli andò, etc. *passé indéfini.* io sono andato,...noi siamo an-dati. *plus. q. parf.* io era andato, ... noi eravamo andati. *futur.* io andrò, tu andrai, etc. *impératif.* va tu, vada colui, andia-mo, andate, vadano. *prés. conj.* che io vada, che tu vada, che egli va-da, che noi andiamo, che voi andiate, che co-loro vadano. *imp. conj.* che io andassi, che tu an-dassi, etc. *temps incer-tain.* io andrei, tu andres-ti, etc. *part. prés.* andan-do. *part. passé.* andato, andati, andata, andate. *dare*, donner. *prés.* io do,

tu dai, egli da, noi dia-mo, voi date, eglino danno. *imparf.* io dava, ... noi davamo. *passé défini.* io diedi *ou* detti, tu desti, egli diede *ou* dette *ou* diè, noi dem-mo, voi deste, eglino diedero, dettero *ou* die-rono. *passé indéfi.* io ho dato,..noi abbiamo dato. *plusq. parf.* io aveva da-to, ...noi avevamo da-to. *futur.* io darò,....noi daremo. *impér.* dà tu, dia colui, diamo noi, date voi, diano coloro. *prés. conj.* che io dia, che noi diamo, ... che eglino diano *ou* dieno. *imparf. conj.* che io des-si, che tu dessi, che egli desse, che noi dessimo, che voi deste, che egli-no dessero. *temps incer-tain.* io darei, noi da-remmo. *partic. prés.*

dando. *part. pas.* dato,
dati, data, date.

N. B. On conjugue de
même son dérivé *ridare ;*
mais *circondare, ridon-
dare.* etc., sont réguliers.
fare, faire. *prés.* io fo *ou*
faccio, tu fai, egli fa,
noi facciamo, voi fate,
eglino fanno. *imp.* io faceva,... noi facevamo.
passé défini. io feci, tu
facesti, egli fece, noi fa-
cemmo, voi faceste, egli-
no fecero. *passé indéfini.*
io ho fatto, ...noi abbiamo fatto. *plusq. parf.*
io aveva fatto,... noi ave-
vamo fatto. *futur.* io farò, ... noi faremo. *imp.*
fa tu, faccia colui, fac-
ciamo noi, fate voi, fac-
ciano coloro *prés. conj.*
che io faccia, ..che noi
facciamo. *imp. conj.*
che io facessi, ...che noi
facessimo. *temps incer-
tain.* io farei, ...noi fa-
remmo. *part. prés.* fa-

cendo. *part. passe.* fatto,
fatti, fatta, fatte. Les
dérivés se conjuguent
de même.

Stare, rester. *prés.* io sto,
tu stai, egli sta, noi stiamo, voi state, eglino
stanno. *imp.* io stava...
noi stavamo. *parf défini*
io stetti, tu stesti, egli
stette, noi stemmo, voi
steste, eglino stettero.
futur. io starò,... noi sta
remo. *impér.* sta tu,
sta *ou* stea colui, stiamo
noi, state voi, stieno *ou*
steano coloro. *prés. conj*
che egli stia, ... che noi
stiamo. *imp. conj.* che
io stessi, che tu stessi, che
egli stesse, che noi stes-
simo, che voi steste, che
eglino stessero, *ou* stes-
sono. *temps incertain.* io
starei, ... eglino stareb-
bono *ou* starebbero.

N. B. Contrastare et
autres dérivés sont régu-
liers.

VERBES IRRÉGULIERS DE LA SECONDE CONJUGAISON EN *ERE* BREF. (*)

ecendere, allumer. p. d. accesi, accendesti, accese, accendemmo, accendeste, accesero. *part. pres.* accendendo, *part. passé.* acceso, i, a, e.

Accingersi ou *accignersi*, se préparer. *v.* cingere

Accogliere ou *accorre*, accueillir. *v* cogliere.

Accorgersi, s'apercevoir. *pas. d.* accorsi, accorgesti, etc. *part. passé.* accorto.

Accorrere, accourir. *v.* correre.

Accrescere, augmenter. *v.* crescere.

Addurre ou *adducere*, apporter. *prés.* adduco, adduci, adduce, adduciamo, adducete, adducono. *imp.* adduceva, etc. *p. d.* addussi, ad-

ducesti, addusse, adducemmo, adduceste, addussero. *fut.* addurrò, etc. *impér.* adduci, adduca, adduciamo, adducete, adducano. *prés. conj.* adduca, adduca, adduca, adduciamo, adduciate, adducano. *imp. conj.* adducessi, etc. *temps. incert.* addurrei, etc. *part. prés* adducendo. *p. passé.* addotto.

Affiggère, afficher. *v* prefiggere.

Affliggere, affliger. *p. d.* afflissi, affligesti, etc *part. passé.* afflitto.

Aggiungere ou *aggiugnere*, ajouter. *v.* giungere.

Algere, geler, *n'a que le passé défini.* alsi, etc.

(*) Observez que les verbes terminés en *rre*, comme *addurre*, *trarre*, appartiennent à cette conjugaison.

Alludere, faire allusion. *v.* deludere

Ammettere, admettre. *v.* mettere.

Ancidere, tuer. *v.* recidere.

teporre, préférer. *v.* porre.

Appendere, pendre. *p. d.* appesi, appendesti. *p. pas.* appeso.

Apporre, ajouter. *v.* porre.

Apprendere, apprendre. *v.* prendere.

Ardere, brûler. *p. d.* arsi. ardesti. *part. passé.* arso.

Arrendersi, se rendre. *v.* rendere.

Arridere, sourire. *v.* ridere.

Arrogere, joûter, *n'a que la troisième personne du singulier du pr.* arroge.

Ascendere, monter. *v.* scendere.

Ascondere, cacher. *p. d.* ascosi, ascondesti, etc. *part. passé.* ascosto *ou* ascoso.

Ascrivere, mettre un nombre. *v.* scrivere

Aspergere, asperger. *v.* spergere.

Assistere, assister. *p. passé.* assistito.

Assolvere, absoudre. *p. d.* assolsi, assolvesti, etc. *part. passé.* assoluto *ou* assolto.

Assorbere, absorber. *part. passé.* assorto.

Assumere, entreprendre, *p. d.* assunsi, assumesti, etc. *part. pass.* assunto.

Astergere, absterger. *v.* tergere.

Astrarre ou astraere, straire. *v.* trarre.

Astringere ou astrignere, contraindre. *v.* stringere.

Attendere attendre. *v.* tendere.

Attingere ou attignere, atteindre. *v.* tingere.

Attorcere, tordre. *v.* torcere.

Attrarre ou attraere attirer. *v.* trarre.

Avvincere, lier. *v.* vincere.

Avvolgere, envelopper. *v.* volgere.

Caggere, tomber; *verbe ancien dont il ne reste que* caggia, caggendo, *chez les poètes.*

Chiedere, demander. *prés.* chiedo, *et en poésie*, chieggo *ou* chieggio. *p. d.* chiesi, chiedesti, etc. *part. pass.* chiesto.

Chiudere, fermer *p. d.* chiusi, chiudesti, etc. *part. pass.* chiuso.

Cingere ou *cignere*, ceindre. *p. d.* cinsi, cingesti, cinse, cingemmo, cingeste, cinsero. *part. prés.* cingendo. *part. passé.* cinto, i, a, e.

Circoncidere, circoncire. *v.* recidere.

Circonscrivere, circonscrire. *v.* scrivere.

Cocere, cuire. *v.* cuocere.

Cogliere ou *corre*, cueillir. *v.* sciogliere.

Commettere, commettre *v.* mettere.

Commovere, attendrir. *v.* movere.

Compiangere, plaindre. *v.* piangere.

Comporre, composer. *v.* porre.

Comprendere, comprendre. *v.* prendere.

Comprimere, comprimer *v.* opprimere.

Compromettere, compromettre. *v.* mettere.

Compungere ou *compugnere*, affliger. *v.* pungere.

Conchiudere, conclure. *v.* chiudere.

Concludere, conclure. *v* deludere.

Concorrere, concourir. *v* correre.

Concuocere, digérer. *v* cuocere.

Condescendere et *condiscendere*, condescendre *v.* scendere.

Condurre ou *conducere*, conduire. *v.* addurre.

Configgere, clouer. *v.* figgere.

Confondere, confondre. *v.* fondere.

Congiungere et *congiugnere*, unir. *v.* giungere.

Connettere, unir. *p. d.* connessi, connettesti, etc. *part. passé.* connesso.

Conoscere, connoître. *p. d.* conobbi, conoscesti, etc. *part. pass.* conosciuto.

Conquidere, abattre. *v.* recidere.

Consistere, consister. *v.* assistere.

Conspergere ou *cosperge-re*, asperger. *v.* spergere.

Consumere, consommer. *v.* assumere.

Contendere, disputer. *v.* tendere.

Contorcere, tordre. *v.* torcere.

Contraperre, opposer. *v.* porre.

Contrarre ou *contraere*, contracter. *v.* trarre.

Convincere, convaincre. *v.* vincere.

Corre, cueillir. *v.* cogliere

Correggere, corriger. *v.* reggere.

Correre, courir. *p. d.* corsi, corresti, etc. *part. pas.* corso.

Corrispondere, correspondre. *v.* rispondere.

Corrodere, rouger. *v.* rodere.

Corrompere, corrompre. *v.* rompere.

Cospargere, arroser. *v.* spargere.

Cospergere, arroser. *v. v.* aspergere.

Costringere et *costrignere*. contraindre. *v.* stringere

Crescere, croître. *p. d.* crebbi, crescesti, etc. *part. pass.* cresciuto.

Crocifiggere, crucifier. *p. d.* crocifissi, crocifiggesti, etc. *part. pass.* crocifisso.

F

Cuocere, cuire. *p. d.* cossi, cuocesti, cosse, cocemmo, cuoceste, cossero. *part. pass.* cotto.

Decidere, décider. *v.* recidere.

Decrescere, décroître. *v.* crescere.

Dedurre, déduire. *v.* addurre.

Deludere, tromper. *p. d.* delusi, deludesti, etc. *part. pass.* deluso.

Deporre, déposer. *v.* porre.

Deprimere, déprimer. *v.* opprimere.

Deridere, railler. *v.* ridere.

Descrivere, décrire. *v.* scrivere.

Desistere, se désister. *v.* assistere.

Detrarre, déduire. *v.* trarre.

Difendere, défendre, *p. d.* difesi, difendesti, etc. *part. p.* difeso.

Diffondere, répandre. *v.* fondere.

Dimettere, démettre. *v.* mettere.

Dipingere ou *dipignere,* peindre. *v.* pingere.

Dirigere, diriger. *v.* erigere.

Disapprendere, désapprendre. *v.* prendere.

Discendere, descendre *v.* scendere.

Disciorre et *disciogliere,* délier. *v.* sciorre.

Discorrere, discourir. *v.* correre.

Discutere, discuter. *p. d.* discussi, discutesti, etc *part. pas.* discusso.

Disgiungere et *disgiugnere,* séparer. *v.* giungere.

Dismettere, démettre. *u* mettere.

Dismovere ou *dismuovere,* détourner. *v.* movere.

Disperdere, disperser. *p. d.* disperdei, disperdesti, etc. *part. pass.* disperduto.

Dispergere, disperser. *p*

d. dispersi. *part. pass.* disperso.

Disporre, disposer. *v.* porre.

Distendere, étendre. *v.* stendere.

Distinguere, distinguer. *v.* estinguere.

Distogliere ou *distorre*, détourner. *v.* togliere.

Distrarre ou *distraere*, distraire. *v.* trarre.

Distruggere, détruire. *v.* struggere.

Disvellere, *divellere* ou *disverre*, arracher. *v.* svellere.

Dividere, diviser. *v.* recidere.

Eleggere, élire. *v.* leggere.

Elidere, élider. *v.* recidere.

Eludere, éluder. *v.* deludere.

Ergere, ériger. *p. d.* ersi, ergesti, etc. *p. pas.* erto.

Erigere, élever. *p. d.* eressi, erigesti, etc. *part. pas.* eretto.

Escludere, exclure. *v.* deludere.

Esigere, exiger. *part. pas.* esatto.

Esistere, exister. *v.* assistere.

Espellere, expulser. *p. d* espulsi, espellesti, etc. *part. pas.* espulso

Esporre, exposer. *v.* porre

Esprimere, exprimer. *v* opprimere.

Estendere, étendre. *v.* tendere.

Estinguere, éteindre. *p. d.* estinsi, estinguesti etc. *p. pas.* estinto.

Estrarre, extraire. *v.* trarre.

Fendere, fendre. *p. d.* fendei, fendesti. *part. pas.* fenduto, fesso.

Figgere, ficher. *v.* affligere.

Fingere, feindre. *v.* pingere.

Fondere, fondre. *p. d.* fusi, fondesti, etc. *part. pas.* fuso.

Frammettere, entremet-
tre. *v.* mettere.

Frangere, rompre. *p. d.*
fransi, frangesti, etc.
part. pas. franto.

Frapporre, entremettre.
v. porre.

Friggere, frire. *v.* affligere.

Genuflettere, s'agenouil-
ler. *p. d.* genuflessi, ge-
nuflettesti, etc. *p. p.* ge-
nuflesso.

Giungere ou *giugnere*,
arriver. *p. d.* giunsi,
giungesti, etc. *part.
pas.* giunto.

Illudere, tromper. *v.* deludere.

Immergere, plonger. *v.*
mergere.

Impellere, pousser. *v.* espellere.

Imporre, ordonner. *v.*
porre.

Imprimere, imprimer. *v.*
opprimere.

chiudere, enfermer. *v.*
chiudere.

Incidere, graver. *v.* recidere.

Includere, enfermer. *v.*
deludere.

Incorrere, encourir. *v.*
correre.

Increscere, être fâché. *v.*
crescere.

Indurre ou *inducere*, in-
duire. *v.* addurre.

Infingere, feindre. *v.* fingere.

Infondere, infuser. *v.* fondere.

Infrangere, rompre. *v.*
frangere.

Inframettere ou *intra-
mettere*, entremettre. *v.*
mettere.

Ingiungere, ordonner. *v.*
giungere.

Inscrivere, inscrire. *v.*
scrivere.

Insistere, insister. *v.* assistere.

Insorgere, se soulever. *v.*
sorgere.

Intendere, entendre *v.*
tendere.

Intermettere, disconti-
nuer. *v.* mettere.

Interporre ou *intraporre*,
interposer. *v.* porre.

Interrompere, interrom-
pre. *v.* rompere.

ntingere ou *intignere*,
tremper. *v.* tingere.

Intraprendere, entreprendre. *v.* prendere.

Intridere, tremper. *v.* recidere.

Introdurre, introduire. *v.*
addurre.

Intromettere, introduire
v. mettere.

Intrudere, introduire il-
légalement. *p. d.* intrusi,
intrudesti, etc. *part. pas.*
intruso.

Invadere, envahir. *v.* persuadere.

Ledere, léser. *p. d.* lesi.
part. pas. leso.

Leggere, lire. *p. d.* lessi,
leggesti. *p. p.* letto.

Manomettere, entamer.
v. mettere.

Mergere, plonger. *p. d.*
mersi, mergesti, etc.
part. pas. merso.

Mescere, mêler. *part*
pas. mesciuto.

Mettere, mettre. *p. d*
misi, mettesti, etc. *part*
pas. messo.

Mordere, mordre. *p. d.*
morsi, mordesti, etc.
part. pas. morso.

Movere ou *muovere*, mou-
voir. *p. d.* mossi, moves-
ti, etc. *part. pas.* mosso

Mungere et *mugnere*,
traire. *p. d.* munsi, mun-
gesti, etc. *part. pas.*
munto.

Nascere, naître. *p. d.*
nacqui, nascesti, etc
part. pas. nato.

Nascondere, cacher. *v.*
ascondere.

Negligere, négliger. *p. d.*
neglessi, negligesti, etc
part. pas. negletto.

Nuocere ou *nocere*, nuire.
prés. nuoco. *p. d.* noc-
qui, nocesti, etc. *part.*
pas. nociuto

Offendere , offenser. *p. d.* offesi , offendesti. *p. p.* offeso.

Ommettere , omettre. *v.* mettere.

Opporre , opposer. *v.* porre.

Opprimere , opprimer. *p. d.* oppressi , opprimesti , etc. *part. pas.* oppresso.

Pascere , paître. *p. d.* pascei , pascesti. *part. pas.* pasciuto.

Percorrere, parcourir. *v.* correre.

Percuotere , frapper. *p. d.* percossi , percotesti. *p. pas.* percosso.

Perdere, perdre. *p. d.* perdei *ou* persi. *part. pas.* perduto *ou* perso.

Permettere , permettre. *v.* mettere.

Persistere , persister. *v* assistere.

Piangere et *piagnere*, pleurer. *v.* frangere.

Pingere ou *pignere*, pein-dre. *p. d.* pinsi, pingesti , etc. *part. pas.* pinto.

Porgere, présenter. *p. d.* porsi, porgesti, etc. *part. pas.* porto.

Porre ou *ponere* , mettre *prés.* pongo, poni, pone, ponghiamo *ou* poniamo ponete, pongono. *imp.* poneva, etc. *p. d.* posi, ponesti. *fut.* porrò, etc. *im.* poni, ponga, ponghiamo *ou* poniamo, ponete , pongano, *présent conj.* ponga , ponga , ponga , ponghiamo *ou* poniamo, ponghiate *ou* poniate, pongano. *imp. conj.* ponessi, etc. *t. inc* porrei. *p. p.* ponendo. *p. pas.* posto.

Posporre, estimer moins *v.* porre.

Precidere , couper. *v.* recidere.

Precorrere, devancer. *v* correre.

Prefiggere, déterminer. *p. d.* prefissi, prefiggesti, etc. *part. p.* prefisso.

Premettere, poser avant. *v.* mettere.

Prendere, prendre. *p. d.* presi, prendesti, etc. *part. pas.* preso.

Preporre, préposer. *v.* porre.

Prescegliere, choisir. *v.* scegliere.

Prescrivere, prescrire. *v.* scrivere.

Presumere, présumer. *v.* assumere.

Pretendere, prétendre. *v.* tendere.

Pretermettere, omettre. *v.* mettere.

Produrre ou *producere*, produire. *v.* addurre.

Profondere, dissiper, *v.* fondere.

Promettere, promettre. *v.* mettere.

Promovere ou *promuovere*, promouvoir, *v.* movere.

Proporre ou *proponere*, proposer. *v.* porre.

Prorompere, éclater. *v.* rompere.

Prosciogliere ou *prosciorre*, délier. *v.* sciogliere.

Proscrivere, proscrire. *v.* scrivere.

Prostendersi, se prosterner. *v.* tendere.

Proteggere, protéger. *p. d.* protessi, proteggesti, etc. *part. pas.* protetto

Protrarre ou *protraere* prolonger. *v.* trarre.

Pungere ou *pugnere*, piquer. *p. d.* punsi, pungesti, etc. *part. pas* punto.

Rabbattere, rabaisser. *v.* battere.

Raccendere, allumer de nouveau. *v.* accendere.

Racchiudere, renfermer *v.* chiudere.

Raccogliere ou *raccorre*, recueillir. *v.* cogliere.

Radere, raser. *p. d.* rasi,

radesti, etc. *part. pass.* raso.

Raggiungere ou *raggiugnere*, rejoindre. *v.* giungere.

Ravvolgere, envelopper. *v.* volgere.

Reassumere ou *riassumere*, reprendre. *v.* assumere.

Recidere, couper. *p. d.* recisi, recidesti, etc. *part. p.* reciso.

Redimere, racheter. *p. d.* redensi, redimesti, etc. *p. p.* redento.

Reggere, régir. *p. d.* ressi, reggesti. *p. p.* retto.

Rendere, rendre. *p. d.* resi, rendesti, etc. *p. p.* reso. Quelques-uns conjuguent ce verbe comme *vendere*, régulier.

Reprimere, réprimer. *p. d.* repressi, reprimesti, etc. *part. pas.* represso.

Rescrivere ou *riscrivere*, écrire de nouveau. *v.* scrivere.

Resistere, résister. *v.* assistere.

Respingere ou *respignere*, repousser. *v.* spingere.

Restringere, *ristringere* et *ristrignere*, restreindre. *v.* stringere.

Riaccendere, allumer de nouveau. *v.* accendere.

Riardere, brûler. *v.* ardere.

Richiedere, demander. *v.* chiedere.

Richiudere, refermer. *v.* chiudere.

Ricingere, environner. *v.* cingere.

Ricogliere ou *ricorre*, cueillir. *v.* cogliere.

Ricomporre, modérer. *v.* porre.

Ricondurre, ramener. *v.* condurre.

Ricongiungere, rejoindre. *v.* giungere.

Riconoscere, reconnoître. *v.* conoscere.

Ricorrere, recourir. *v.* correre.

Ricorreggere, recorriger. *v.* correggere.

Ricrescere, accroître. *v.* crescere.

Ricuocere, cuire de nouveau. *v.* cuocere.

Ridere, rire. *p. d.* risi, ridesti, etc. *part. p.* riso.

Ridurre, réduire. *v.* addurre.

Riedere, revenir, *n'a que* riedi, riede, riedono, *prés.*, *et* rieda, riedano, *impérat. et prés. conj.*

Rifondere, refondre. *v.* fondere.

Rifrangere, réfléchir. *v.* frangere.

Rifriggere, frire de nouveau. *v.* friggere.

Rigiungere, rejoindre. *v.* giungere.

Rileggere, relire. *v.* leggere.

Rilucere, reluire. *p. d.* rilussi, rilucesti, etc. *sans part. pas.*

Rimettere, remettre. *v.* mettere.

Rimordere, remordre. *v.* mordere.

Rimovere ou *rimuovere*, éloigner. *v.* movere.

Rinascere, renaître. *v.* nascere.

Rinchiudere, renfermer. *v.* chiudere.

Rincrescere, déplaire. *v.* crescere.

Rinvolgere, envelopper. *v.* volgere.

Ripascere, repaître. *v.* pascere.

Ripercuotere, refrapper. *v.* percuotere.

Riporre, cacher. *v.* porre

Riprendere, reprendre *v.* prendere.

Riprodurre, reproduire *v.* produrre.

Ripromettere, repromettre. *v.* mettere.

Riscrivere, récrire. *v* scrivere.

Riscuotere, réveiller. *v* scuotere.

F*

Risolvere, résoudre. *v.* assolvere.

Risorgere, se relever, res- susciter. *v.* sorgere.

Risospingere, repousser. *v.* spingere.

Rispingere ou *rispignere*, repousser. *v.* spingere.

Rispondere, répondre. *p. d.* risposi, rispondesti, etc. *part. pas.* risposto.

Ristringere ou *ristrignere*, restreindre. *v.* strin- gere.

Ritingere ou *ritignere*, éteindre. *v.* tingere.

Ritogliere ou *ritorre*, prendre de nouveau. *v.* togliere.

Ritorcere, retordre. *v.* torcere.

Ritrarre, retirer. *v.* trarre.

Rivivere, revivre. *v.* vi- vere.

Rivolgere, retourner. *v.* volgere.

Rodere, ronger. *p. défini.* rosi, rodesti. *part. pas.* roso.

Rompere, rompre. *p. d.* ruppi, rompesti, etc. *part. passé*, rotto.

Scegliere ou *scerre*, choi- sir. *prés.* scelgo, scegli, sceglie, scegliamo, sce- gliete, scelgono. *p. d* scelsi, scegliesti, etc. *imp.* scegli, scelga, sce- gliamo, scegliete, scel- gano. *prés. conj.* scel- ga. *part. pas.* scelto.

Scendere, descendre. *p. d.* scesi, scendesti. *part. pas.* sceso.

Schiudere, ouvrir. *v.* chiudere.

Sciogliere ou *sciorre*, dé- lier. *prés.* sciolgo, scio- gli, scioglie, scioglia- mo, sciogliete, sciolgo- no. *p. d.* sciolsi. scio- gliesti, etc. *fut.* scioglie- rò *ou* sciorrò. *imp.* scio- gli, sciolga, sciogliamo, sciogliete, sciolgano. *prés. conj.* sciolga, etc *t. inc.* scioglierei *ou* sciorrei. *p. p.* sciolto.

commettere, parier. *v.* mettere.

Scomporre, déranger. *v.* comporre.

Sconfiggere, vaincre. *v.* affliggere.

Scontorcere, tordre. *v.* torcere.

Sconvolgere, bouleverser. *v.* volgere.

Scorgere, voir. *v.* accorgere.

Scrivere, écrire. *p. d.* scrissi, scrivesti. *p. p.* scritto.

Scuotere, secouer. *v.* percuotere.

Sedurre, séduire. *v.* addurre.

Smungere ou *smugnere*, dessécher. *v.* mungere.

Smuovere, remuer. *v.* movere.

Socchiudere, fermer à moitié. *v.* chiudere.

Soccorrere, secourir. *v.* correre.

Soggiungere et *soggiugnere*, ajouter. *v.* giungere.

Sommergere, submerger *v.* mergere.

Sommettere, soumettre. *v.* mettere.

Sopporre, soumettre. *v.* porre.

Sopraggiungere ou *sopraggiugnere*, survenir. *v.* giungere.

Sopraporre, mettre dessus. *v. porre.*

Soprascrivere, mettre l'adresse à une lettre. *v.* scrivere.

Sopravvivere, survivre. *v.* vivere.

Sopprimere, supprimer. *v.* opprimere.

Soprintendere, avoir la surintendance. *v.* intendere.

Sorgere, se lever. *p. d.* sorsi, sorgesti. *p. p.* sorto.

Sorprendere, surprendre. *v.* prendere.

Sorreggere, soutenir. *v.* reggere.

Sorridere, sourire. *v.* ridere.

Soscrivere, souscrire. *v.* scrivere.

Sospendere, suspendre. *partic. défini.* sospesi, sospendesti, etc. *part. passé.* sospeso.

Sospingere ou *sospignere*, pousser. *v.* spingere.

Sottintendere, sous-entendre. *v.* tendere.

Sottomettere et *sommettere*, soumettre. *v.* mettere.

Sottoporre, assujettir. *v.* porre.

Sottoscrivere, souscrire. *v.* scrivere.

Sottrarre, soustraire. *v.* trarre.

Sovraggiungere, survenir. *v.* giungere.

Spargere, répandre. *p. d.* sparsi, spargesti, etc. *part. passé.* sparto.

Spegnere et *spengere*, éteindre. *p. d.* spensi, spegnesti, etc. *part. p.* spento.

Spendere, dépenser. *p. d* spesi, spendesti, etc. *part. passé.* speso.

Spergere, disperser. *p. d.* spersi, spergesti, etc. *part. passé.* sperso.

Spingere ou *spignere*, pousser. *p. d.* spinsi, spingesti, etc. *part. passé.* spinto.

Sporgere, déborder. *v.* porgere.

Stendere, étendre. *v.* tendere.

Storcere, tordre. *v.* torcere.

Straecocere, cuire trop long-temps. *v.* cocere.

Stravolgere, tourner. *v.* volgere.

Stringere ou *strignere*. serrer. *p. d.* strinsi, stringesti, etc. *part. pas.* stretto.

Struggere, fondre. *p. d.* strussi, struggesti, etc. *part. passé*, strutto.

Subdividere, subdiviser. *v.* recidere.

Svellere ou *sverre*, arra-

cher. *p. d.* svelsi, svel-
lesti, etc. *part. passé.*
svelto.

Svolgere, détourner. *v.*
volgere.

Supporre, supposer. *v.*
porre.

Sussistere, subsister. *v.*
esistere.

Tendere, tendre *p. d.* te-
si, tendesti, etc. *part.*
passé. teso.

Tergere, essuyer. *p. d.*
tersi, tergesti, etc. *part.*
passé terso.

Tingere ou *Tignere*, tein-
dre. *v.* pingere.

Togliere ou *torre*, ôter.
v. sciogliere.

Torcere, tordre. *p. d.*
torsi, torcesti. *part. pas.*
torto.

Tradurre, traduire. *v.*
addurre.

Trafiggere, percer. *v.* affliggere.

Tramettere, entremettre.
v. mettere.

Trarre ou *traere*, tirer.

présent. traggo, traggi
ou trai, trae, tragghia
mo *ou* trajamo, traete,
traggono. *imp.* traeva,
etc. *p. d.* trassi, traesti
trasse, traemmo, traes-
te, trassero. *fut.* trar-
rò, etc. *imp.* traggi,
tragga, trajamo, traete,
traggano. *pr. conj.* tragga, tragga, tragga, tra-
jamo, tragghiate, trag-
gano. *imp. conj.* traessi,
etc. *temps incert.* trar-
rei, etc. *part. présent.*
traendo. *part. passé*,
tratto.

Trascegliere et *trascerre*,
choisir. *v.* scegliere.

Trascendere, surmonter.
v. scendere.

Trascorrere, outre-pas-
ser. *v.* correre.

Trascrivere, transcrire
v. scrivere.

Trasfondere, transfuser.
v. fondere.

Trasmettere, transmet-
tre. *v.* mettere.

Trasporre, transposer. *v.* porre.

Travolgere, tourner. *v.* volgere.

Uccidere, tuer. *v.* recidere.

Ungere ou *ugnere*, oindre. *v.* pungere.

Vilipendere, vilipender. *v.* sospendere.

Vincere, vaincre. *p. d.* vinsi, vincesti. *p. p.* vinto.

Vivere, vivre. *pas. d.* vis-

si, vivesti, etc. *fut.* vivrò. *temps incert.* vivrei, etc. *part. pas.* vissuto.

Volere, vouloir. *près.* voglio *ou* vo', vuoi, vuole vogliamo, volete, vogliono. *p. d.* volli, volesti, etc. *fut.* vorrò, etc. *près. conjonct.* voglia, etc. *t. inc.* vorrei, etc.

Volgere, tourner. *p. d.* volsi, volgesti, etc. *part. p.* volto.

VERBES IRRÉGULIERS DE LA SECONDE CONJUGAISON EN *ERE* LONG.

Antivedere, prévoir. *v.* vedere.

Assedere, être assis. *p. d.* assisi, assedesti, etc. *part. p.* assiso. Pour les autres temps, *v.* sedere.

Astenere, abstenir. *v.* tenere.

Attenere, tenir *v.* tenere.

Avvedersi, s'apercevoir *v.* vedere.

Bere, boire. *pr.* beo, bei, bee, beiamo, beete, beono. *imp.* beeva, etc. *p. d.* bevvi, beesti, bevve, bevemmo, beeste, bevero. *fut.* berò, etc. *imp.* bei, bea, beiamo, bee-

te, beano. *prés. conj.*
bea, bea, bea, beiamo,
beate, beano. *imparf.*
conj. beessi, etc. *temps.*
'nc. berei, etc. *part.*
prés. bevendo. *part. pas-*
sé. bevuto. *Bevere* est
régulier et plus usité.
Cadere, tomber. *p. d.*
caddi, cadesti, etc. *fut.*
cadrò. *temps. inc.* ca-
drei, etc.
Calere, se soucier, *n'a*
que mi cale. *prés.* mi ca-
leva. *imp.* mi calse. *p.*
l. et le prés. conj. mi.
caglia.
Compiacere, complaire.
v. piacere.
Condolersi, faire un com-
pliment de condoléance.
v. dolere.
Contenere, contenir. *v.*
tenere.
Decadere, déchoir. *v.* cadere.
Detenere, arrêter. *v.* tenere.

Discadere, déchoir. *v.*
cadere.
Dispiacere, déplaire. *v.*
piacere.
Dissuadere, *v.* dissuader.
v. persuadere
Dolere et *dolersi*, se
plaindre. *pr.* mi dolgo
ou doglio, ti duoli, si
duole, ci dogliamo, vi
dolete, si dólgono. *p.*
d. mi dolsi, ti dolesti,
etc. *fut.* mi dorrò, etc.
impér. duoliti, dolgasi.
dogliamoci, doletevi,
dolgansi. *pr. conj.* m.
dolga, ti dolga, si dolga,
ci dogliamo, vi dogliate
si dolgano. *temps incert.*
mi dorrei, etc.
Dovere, devoir. *prés.* debbo, devo *ou* deggio,
debbi, devi *ou* dei, deb-
be, deve *ou* dee, dob-
biamo, dovete, debbo-
no, devono, deggiono
ou deono. *p. d.* dovetti,
fut. dovrò, etc *pr. conj*

debba, debba, debba *ou*
deggia, dobbiamo, dob-
biate, debbano *ou* deg-
giano. *temps incert.* do-
vrei, etc.

Equivalere, équivaloir.
v. valere.

Giacere, être couché. *v.*
tacere.

Intertenere ou *intrattene-
re*, entretenir. *v.* tenere.

Lecere et *licere*, être permis. *Ces deux verbes
n'ont que la troisième
personne singulière du
présent de l'indicatif,*
lece *et* lice, *et ne servent que pour la poésie.*

Mantenere, maintenir. *v.*
tenere.

Ottenere, obtenir. *v.* tenere.

Parere, sembler. *pres.*
pajo, pari, pare, paja-
mo, parete, pajono. *p.
d.* parvi, paresti. *fut.*
parrò, etc. *prés. conj.*
paja, etc. *temps incert.*

parrei, parresti. *part.
passé.* paruto *et* parso.

Persuadere, persuader. *p.
d.* persuasi, persuadesti,
etc. *p. passé.* persuaso.

Piacere, plaire. *v.* tacere.

Possedere, posséder. *v.*
sedere.

Potere, pouvoir. *prés.*
posso, puoi, può *ou* puo-
te; possiamo, potete,
possono. *fut.* potrò, etc.
prés. conj. possa, a, a
iamo, iate, ano. *temps
inc.* potrei, etc.

Presedere, présider. *v.*
sedere.

Prevalere, prévaloir. *v.*
valere.

Prevedere, prévoir. *v.* vedere.

Provvedere, pourvoir. *v.*
vedere.

Rattenere, arrêter. *v.* tenere.

Ravvedersi, se corriger.
v. vedere.

Riavere, ravoir. *v.* avere, *auxiliaire*.

Ricadere, retomber. *v.* cadere.

Rimanere, rester. *pr.* rimango, rimani, rimane, rimaniamo, rimanete, rimangono. *p. d.* rimasi, rimanesti, etc. *fut.* rimarrò. *imper.* rimani, rimang , rimaniamo, rimanete, rimangano. *prés. conj.* rimanga, rimanga, rimanga, rimanghiamo, rimanghiate, rimangano. *temps incert.* rimarrei. *part. p.* rimasto *ou* rimaso.

Risapere, savoir. *v.* sapere.

Risedere, résider. *v.* sedere.

Ritenere, retenir. *v.* tenere.

Rivedere, revoir. *v.* vedere.

Rivolere, vouloir de nouveau. *v.* volere.

Sapere, savoir. *prés.* so, sai, sa, sappiamo, sapete, sanno. *p. d.* seppi, sapesti, etc. *fut.* saprò, etc. *impér.* sappi, sappiamo, sapete, sappiano. *prés. conj.* sappia, etc.

Scadere, déchoir. *v.* cadere.

Sedere, s'asseoir. *prés.* seggo, siedi, siede, sediamo, sedete, seggono. *pr. conj.* segga, segga, segga, sediamo, sediate, seggano.

Soggiacere, être sujet. *v.* giacere.

Solere, avoir coutume. *prés.* soglio, suoli, suole, sogliamo, solete, sogliono. *imp.* soleva. *prés. conj.* soglia, soglia, soglia, sogliamo, sogliate, sogliano. *participe pas.* solito. Dans les temps qui ne sont pas indiqués ici, on se sert du verbe *essere* avec le participe *solito*, et on dit: *io fui solito*, etc

Soprassedere, surseoir. *v.* sedere.

Sostenere, soutenir. *v.* tenere.

Spiacere, déplaire. *v.* piacere.

Sprovvedere, dépourvoir. *v.* vedere.

Tacere, se taire. *prés.* taccio, taci, tace, taciamo, tacete, taciono. *part. d.* tacqui, tacesti, etc. *impér.* taci, taccia, tacciamo, tacete, tacciano. *prés. conj.* taccia, taccia, taccia, tacciamo, tacciate, tacciano. *part. pas.* taciuto.

Tenere, tenir. *prés.* tengo, tieni, tiene, tenghiamo *ou* teniamo, tenete, tengono. *p. d.* tenni, tenesti, etc. *fut.* terrò. *impér.* tieni, tenga, tenghiamo *ou* teniamo, tenete, tengano. *prés. conj.* tenga, tenga, tenga, tenghiamo *ou* teniamo, teniate, ten-

gano. *temps. incert.* terrei, etc

Trattenere, entretenir. *v.* tenere.

Travedere, voir de travers. *v.* vedere.

Valere, valoir. *prés.* vaglio *ou* valgo, vali, vale, vagliamo, valete, vagliono. *p. d.* valsi, valesti, etc. *fut.* varrò, etc. *imp.* vali, vaglia, vagliamo, valete, vagliano. *présent conj.* vaglia, etc. *temps incert.* varrei, varresti, etc. *part. pas.* valuto.

Vedere, voir. *prés.* vedo, veggo *ou* veggio, vedi, vede, vediamo *ou* veggiamo, vedete, vedono *ou* veggono. *p. d.* vidi, vedesti, etc. *fut.* vedrò, etc. *impér.* vedi, veda vediamo *ou* veggiamo, vedete, vedano *ou* veggano. *prés. conj.* veda *ou* vegga, etc. *part. p* veduto *ou* visto.

Volere, vouloir. *p.* voglio *ou* vo' , vuoi , vuole *ou* vuò, vogliamo, volete, vogliono. *p. d.* volli, vo-

lesti , etc. *fut.* vorrò , etc. *prés. c.* voglia , etc. *temps incert.* vorrei, etc

---

VERBES IRRÉGULIERS DE LA TROISIÈME CONJU. GAISON EN *IRE.*

Observation essentielle sur les verbes en ire .

Les verbes réguliers de cette conjugaison sont : *Acconsentire, bollire, compartire, consentire, convertire, dipartire, dissentire, divertire, divestire, dormire, fuggire, investire, mentire, partire, pentirsi, perseguire, pervertire, presentire, proseguire, ribollire, rifuggire, ripartire, ripentirsi, risentire, rivestire, seguire, sentire, sfuggire, smentire, sobbollire, sortire, sovvertire, svestire, travestire, vestire.* Les autres verbes en *ire*, ou se trouvent dans la table suivante avec leurs irrégularités , ou se conjuguent comme *abolire.*

Abolire, abolir. *prés.* abolisco, abolisci, abolisce, aboliamo , abolite , aboliscono. *imp.* abolisci, abolisca , aboliamo , abolite , aboliscano. *prés. conj.* abolisca, abolisca , abolisca , aboliamo , aboliate , aboliscano. *Aborrire* ou *abborrire,* abhorrer, peut se con-

juguer comme *abolire,* ou comme *servire,* régulier , et surtout en poésie. *Apparire,* apparoître. *v.* abolire : mais au passé défini, il fait *apparii* ou *apparvi,* et au participe passé *apparito* ou *apparso.* Il en'est de même de *comparire.*

Aprire, ouvrir. *pas. d.* aprii *ou* apersi, apristi etc. *part. pas.* aperto.

Assalire, assaillir. *v.* salire.

Assorbire, absorber. *v.* abolire; mais au participe passé il fait *assorbito* ou *assorto*.

Avvenire, arriver. *v.* venire.

Avvertire, avertir, se conjugue comme *abolire*, ou comme régulier.

Benedire, bénir. *v.* dire.

Circonvenire, environner. *v.* venire.

Comparire, comparoître. *v.* apparire.

Construire ou *costruire*, construire. *v.* instruire.

Contraddire, contredire. *v.* dire.

Contravvenire, contrevenir. *v.* venire.

Convenire, convenir. *v.* venire.

Coprire, couvrir. *v.* aprire.

Cucire, coudre. *pres.* cucio, cuci, etc. *impér.* cuci, cucia, cuciamo, cucite, cuciano. *pres. conj.* che cucia, etc.

Dire, dire. *prés.* dico, dici *ou* di', dice, diciamo, dite, dicono. *imp.* diceva, etc. *p. d.* dissi, dicesti, disse, dicemmo, diceste, dissero. *impér.* dì, dica, diciamo, dite, dicano. *prés conj.* dica, etc. *imp. conj.* dicessi, etc. *part. pr.* dicendo. *part. part.* detto.

Discoprire, découvrir. *v.* aprire.

Disconvenire, ne pas convenir. *v.* venire

Discucire, découdre. *v.* cucire.

Disdire, dédire. dire.

Divenire, devenir. *v.* venire.

Empire, remplir. *prés.* empio, empi, empie, empiamo, empite, empiono. *impér* empi, em-

piamo, empite, empia-
no. *prés. conj.* che em-
pia, etc.

Escire, sortir. *v.* uscire.

Gire, aller, *n'a que les
temps suivans* : gite, *vous
allez* ; giva *ou* gìa, givi,
giva *ou* gìa, givano *ou*
giano, *j'allois*, etc. ; gi-
sti, gi *ou* gìo, gimmo,
giste, girono, *tu allas* ;
gite, *allez* ; che gissi, etc.,
que j'allasse ; gito, *allé*.

Inghiottire, engloutir ;
comme *abolire*, ou régu-
lier.

Instruire, instruire. *v.*
abolire ; mais au passé
défini, on dit *instrussi*,
instruisti, et au participe passé, *instruito* et
instrutto.

Interdire, prohiber. *v.*
dire.

Intervenire, intervenir.
v. venire.

Ire, aller, *n'a que* ite ;
iva, ivano, iremo, irete,

iranno ; ito ; *allez ; il alloit, ils alloient ; nous
irons, vous irez, ils
iront ; allé.*

Maledire, maudire. *v.*
dire.

Morire, mourir. *prés.*
muojo *ou* moro *en poésie*,
muori, muore *ou* more,
muojamo *ou* moriamo,
morite, muojono. *fut*
morirò *ou* morrò, etc.
impér. muori *ou* mori,
muoja *ou* mora, muoja-
mo *ou* moriamo, mo-
rite, muojano *ou* mora-
no. *pr. conj.* muoja,
muoja, muoja *ou* mora,
muojamo *ou* moriamo,
morite, muojano *ou* mo-
morano. *temps. inc.* mo-
rirei *ou* morrei, etc
part. p. morto.

Nutrire, nourrir, se conjugue comme *abolire*, ou
comme régulier, et sur
tout en poésie.

Offrire, offrir. *v.* aprire

Olire, sentir, *n'a que* oliva, olivi, oliva, olivano, *imparfait.*

Pervenire, parvenir. *v.* venire.

Predire, prédire. *v.* dire.

Prevenire, prévenir. *v.* venire.

Redire, retourner. Ce verbe poétique n'a que *riedi*, tu retournes, *riede*, il retourne.

Riapparire, reparoître. *v.* apparire.

Riaprire, ouvrir de nouveau. *v.* dire.

Ribenedire, bénir de nouveau. *v.* dire.

Ricoprire, recouvrir. *v.* coprire.

Ridire, redire. *v.* dire.

Riescire, réussir. *voyez* riuscire.

Rinvenire, retrouver. *v.* venire.

Risalire, remonter. *v.* salire.

Risovvenire, ressouvenir. *v.* venire.

Rivenire, retourner, *v.* venire.

Riuscire, réussir. *voyez* uscire.

Salire, monter. *prés.* salgo, sali, sale, salghiamo, salite, salgono. *impér.* sali, salga, salghiamo, salite, salgano. *pr. conj.* salga, salga, salga, salghiamo, salghiate, salgano.

Scomparire, disparoître. *v.* comparire.

Sconvenire, ne pas convenir. *v.* venire.

Scoprire, découvrir. *v.* coprire.

Scucire, découdre. *v.* cucire.

Sdrucire, découdre. *v.* cucire.

Seppellire, ensevelir. *v.* abolire. Mais au part. passé on dit *seppellito* ou *sepolto.*

Soffrire, souffrir. *p. d.* soffrii *ou* soffersi. *p. passé.* sofferto.

Sopravvenire, survenir. *v.* venire.

Sovvenire, secourir. *v.* venire.

Sovvenirsi, se ressouvenir. *v.* venire.

Svenire, s'évanouir. *v.* venire.

Udire, entendre. *prés.* odo, odi, ode, udiamo, udite, odono. *impér.* odi, oda, udiamo, udite, odano. *prés. conj.* oda, oda, oda, udiamo, udiate, odano.

Venire, venir. *prés.* vengo, vieni, viene, veniamo *ou* venghiamo, venite, vengono. *p. d.* venni, venisti, etc. *fut.* errò. *impér.* vieni, venga, veniamo *ou* venghiamo, venite, vengano. *prés. conj.* venga, venga, venga, venghiamo *ou* veniamo, venghiate, vengano. *temps incert.* verrei. *part. p.* venuto.

Uscire ou *escire*, sortir. *prés.* esco, esci, esce, usciamo, uscite, escono. *imp.* usciva, etc *p. d.* uscii, uscisti, uscì, etc. *impér.* esci, esca, usciamo, uscite, escano *prés. conj.* esca, esca, esca, usciamo, usciate, escano. *imp. conj.* che uscissi, etc. *temps incertain.* uscirei, etc. *part. prés.* uscendo. *part. pas.* uscito.

THÈME XVII.

1. Une femme jetant des pierres à des musiciens qui ui donnaient une sérénade de la part de son amant, un railleur leur dit : Messieurs, votre musique a autant de force que celle d'Orphée, car elle attire le ierres et les fait danser.

2. On demandoit à un boiteux qui alloit à l'armée

comme fantassin, pourquoi il ne s'étoit pas mis dans la cavalerie ? c'est, répondit-il, que je ne vais pas à l'armée pour fuir.

3. Un général français, jaloux et flatteur, disoit au duc d'Enghien, qui venoit de remporter la célèbre bataille de Rocroi, en 1643 : Que pourront dire maintenant les envieux de votre gloire ? Je n'en sais en, répondit-il; je voudrois vous le demander.

4. Le duc du Maine, encore enfant, faisoit beaucoup de bruit en jouant. Le grand Condé, qui étoit dans le même appartement, se plaignit de ce bruit : Plût à Dieu, monsieur, lui dit l'enfant, que j'en fisse autant que vous.

5. L'abbé de Vertot avoit un siége fameux à décrire : les mémoires qu'il attendoit ayant tardé trop longtemps, il écrivit l'histoire du siége, moitié d'après le peu qu'il en savoit, moitié d'après son imagination; et par malheur, les détails qu'il en donne sont pour le moins aussi intéressans que s'ils étoient vrais. Les mémoires arrivèrent enfin : J'en suis fâché, dit-il ; mais mon siége est fait.

6. Waller, poète anglais, fit en très-beaux vers latins un excellent panégyrique de Cromwell, tandis qu'il étoit protecteur. Charles II ayant été rétabli en 1660, Waller lui présenta des vers qu'il avoit faits à sa louange. Le roi les ayant lus, lui reprocha qu'il en avoit fait de meilleurs pour Olivier. Waller lui répondit : Sire, nous autres poètes nous réussissons mieux en fictions qu'en verité.

7. Un sage Arabe avoit dissipé ses biens au service d'un calife ; et ce monarque, plongé dans les délices, lui disoit ironiquement : Connois-tu quelqu'un qui fasse profession d'un plus grand détachement que toi ? Oui, seigneur.—Quel est-il ?—Vous : je n'ai sacrifié que ma fortune, vous sacrifiez votre gloire.

8. Un mortel bienfaisant est la plus fidèle image de la Divinité, qui veut le bonheur des hommes. Les Scythes, poursuivis par Alexandre jusqu'au milieu des bois et des rochers qu'ils habitoient, dirent à ce conquérant qui vouloit passer pour le fils de Jupiter Ammon : Tu n'es pas un dieu, puisque tu fais du mal aux hommes.

VOCABULAIRE.

1. Femme, *donna*. jeter, *gettare*. pierre, *pietra* musicien, *musico*. donner, *dare*. sérénade, *serenata* part, *parte*. amant, *amante* railleur, *motteggiatore* dire, *dire*. monsieur, *signore*. musique, *musica* force, *forza*. Orphée, *Orfeo*. car, *poiché*. attirer. *tirare a se*. faire, *fare*. danser, *ballare*.

2. On, *si*. demander, *domandare*. boiteux, *zoppo* aller, *andare*. armée, *armata*. comme, *come*. fan tassin, *fantaccino*. pourquoi, *perché*. mettre, *mettere* cavalerie, *cavalleria*. répondre, *rispondere*. pour fuir *per fuggire*.

3. Général, *generale*. français, *francese*. jaloux et flatteur, *geloso e adulatore*. dire, *dire*. duc, *duca*. venoit de remporter, *aveva vinto*. célèbre bataille

G

célebre battaglia. en , *nel.* pouvoir, *potere.* maintenant, *adesso.* envieux , *invidioso.* gloire , *gloria.* savoir , *sapere.* rien , *niente.* vouloir , *volere.* demander, *domandare.*

4. Encore enfant , *ancor fanciullo.* faire , *fare.* bruit, *rumore.* jouer , *giuocare.* grand, *gran.* même appartement , *medesimo appartamento.* plaindre , *dolere.* plaire, *piacere.* Dieu, *Dio.* faire , *fare.* autant que , *quanto.*

5. Abbé , *abate.* siége fameux, *assedio famoso.* decrire , *descrivere.* mémoire, *memoria.* attendre , *aspettare.* tarder , *tardare.* trop long-temps , *troppo lungamente.* écrire, *scrivere.* histoire , *istoria.* moitié, *metà.* d'après , *secondo.* peu , *poco.* savoir , *sapere.* imagination , *immaginazione.* par malheur , *per disgrazia.* détail, *ragguaglio.* donner, *dare.* pour le moins , *per lo meno.* intéressant , *interessante.* vrai , *vero.* arriver , *giungere.* enfin , *finalmente.* J'en suis fâché , *me ne dispiace.* mais , *ma.* faire , *fare.*

6. Poète anglais , *poeta inglese.* beau , *bello.* vers , *verso.* latin , *latino.* excellent panégyrique , *eccellente panegirico.* tandis que , *mentre.* protecteur , *protettore.* Charles, *Carlo.* rétablir , *ristabilire.* présenter , *presentare.* faire , *fare.* à sa louange , *in sua lode.* roi , *re.* lire , *leggere.* reprocher , *rinfacciare.* meilleur , *migliore.* pour , *per.* réussir , *riuscire.* mieux , *meglio.* fiction , *finzione.* vérité , *verità.*

7. Sage Arabe, *savio Arabo.* dissiper, *dissipare.*
bien, *bene.* service, *servizio.* calife, *califfo.* monarque, *monarca.* plonger, *immergere.* délice, *delizia.*
ironiquement, *ironicamente.* connoître, *conoscere.*
quelqu'un, *qualcheduno.* profession, *professione.*
détachement, *disinteresse.* oui, seigneur, *sì, signore.* sacrifier, *sacrificare.* fortune, *fortuna.* gloire
gloria.

8. Mortel, *uomo.* bienfaisant, *benefico.* fidèle, *fedele.* image, *immagine.* divinité, *divinità.* vouloir,
volere, bonheur, *felicità.* homme, *uomo.* Scythe,
Scita. poursuivre, *inseguire.* jusqu'au milieu, *fino in
mezzo.* bois, *bosco.* rocher, *rupe.* habiter, *abitare.*
dire, *dire.* conquérant, *conquistatore.* passer, *passare.* fils, *figlio.* Jupiter Ammon, *Giove Ammone.*
dieu, *dio.* puisque, *poichè.* faire, *fare.* mal, *male.*

─────────────────────────────────────

LEÇON XVIII.

SUR LES DIFFÉRENTES MANIÈRES DE RENDRE EN ITALIEN LE PRONOM *ON.*

On s'exprime dans les temps simples par *si*, avec
cette différence que la particule *on* régit toujours la
troisième personne singulière du verbe, et avec la
particule *si*, le verbe doit s'accorder avec le nombre
du nom. Ex. On craint la pauvreté, *si teme la povertà*;
on cherche les richesses, *si cercano le richezze*, etc.

Observez qu'on supprime, dans les temps simples

les pronoms *le*, *la*, *les*, lorsqu'ils se trouvent après la particule *on*. On le dit, *si dice*; on les connoît, *si conoscono*.

Quand on exprime les pronoms, on les met avant *si*. Ex. On me dit, *mi si dice*, et non pas *si mi dice*. On diroit encore mieux *mi vien detto*.

Lorsqu'il y a une négation, elle précède toujours la particule *si* et les pronoms. Ex. On ne dit pas, *ou* on ne le dit pas, *non si dice*, on ne me dit pas, *non mi si dice*, ou *non mi vien detto*; on n'en parle pas, *non se ne parla*.

Observez que *si* devant *ne*, se change toujours en *se*, soit que la phrase soit affirmative ou négative.

Quelquefois on met simplement le verbe à la troisième personne du pluriel, sans exprimer *on*. Ex. On dit que nous aurons la guerre, *dicono che avremo la guerra*.

On peut aussi se servir de l'auxiliaire *essere*, en mettant le verbe au participe passé; surtout lorsque la particule *on* est suivie des pronoms *me*, *te*, *le*, *la*, *les*, *lui*, *nous*, *vous*, *leur*. Ex. On m'attend, *sono aspettato*, on t'en parlera, *te ne sarà parlato*; voilà les marchandises qu'on lui a demandées, *ecco le mercanzie che gli sono state domandate* (*).

(*) Dans les temps composés des verbes, on se sert toujours de l'auxiliaire *essere*, soit que la particule *on* soit suivie d'un pronom ou non, comme, on a dit, on a écrit, *è stato detto*, *è stato scritto*; on m'a dit, on m'a écrit, *mi è stato detto*, *mi è stato scritto*, etc.

On y se rend par *vi si* ou *ci si*. On *y* voit beaucoup de monde, *vi si vede molta gente*, ou *ci si vede molta gente*.

On, devant le pronom réfléchi *se*, s'exprime par *uno*, *taluno*, *alcuno*, *altri*, *alcuni* ou *noi*, selon le ens de la phrase. Ex. On se flatte, *uno*, *taluno*, *al-cuno*, ou *altri si lusinga*, ou bien *alcuni* ou *taluni si lusingano*, ou *noi ci lusinghiamo*; et non pas *si si lusinga*. On pourroit également se servir de *uno*, *tal-uno*, *altri*, etc., pour exprimer *on*, sans qu'il fût suivi du pronom réfléchi *se*, comme : on croiroit, *si crederebbe*, ou bien *uno*, *taluno*, ou *altri crede-rebbe*, etc.

THÈME XVIII.

1. On peut avoir des opinions différentes et ne s'en aimer pas moins. La différence des sentimens fait qu'on s'éclaire, et l'amitié fait qu'on supporte la contradiction.

2. On ne goûte point impunément le plaisir de la vengeance ; on sent bientôt que ce plaisir cruel n'est pas fait pour le cœur de l'homme, et que l'on se punit soi-même en haïssant.

3. Si l'on se blâme, les autres en croient plus qu'on en dit ; si on se loue, ils n'en croient rien

4. On dit des Français, qu'ils semblent être les seuls qui connoissent bien le peu de durée de la vie des hommes : car en France on fait tout avec tant de promptitude, qu'on diroit que les Français se per-suadent qu'ils n'ont qu'un jour à vivre.

5. On s'amusoit chez une dame à trouver des différences ingénieuses d'un objet à un autre. Quelle différence, dit la dame, pourroit-on faire entre moi et une montre ? Madame, lui répondit M***, une montre marque les heures, et auprès de vous on les ublie.

6. Quelqu'un rapportant à un autre les injures qu'on disoit de lui : On ne les eût pas dites, répondit-il, si l'on n'eût cru que tu étois bien aise de les entendre.

7. Quelqu'un demandant à Caton pourquoi, ayant si bien mérité de la république, on ne lui avoit point érigé de statues : J'aime mieux, répondit-il, qu'on me fasse cette demande, que si on me demandoit pourquoi on m'en a érigé.

VOCABULAIRE.

1. Pouvoir, *potere*, opinion, *opinione*. différent, *differente*. aimer, *amare*. moins, *meno*. différence, *differenza*. sentiment, *sentimento*. faire, *fare*. éclairer, *illuminare*. amitié, *amicizia*. supporter, *sopportare*. contradiction, *contraddizione*.

2. Goûter, *godere*. impunément, *impunemente*. plaisir, *piacere*. vengeance, *vendetta*. sentir, *sentire*. bientôt, *presto*. cruel, *crudele*. faire, *fare*. pour, *per*. cœur, *cuore*. homme, *uomo*. (*se* se supprime). punir, *punire*. soi-même, *se stesso*. haïr, *odiare*.

3. Si, *se*. blâmer, *biasimare*. autre, *altro*. croire, *credere*. dire, *dire*. louer, *lodare*. rien, *niente*.

4. Français, *Francese*. sembler, *sembrare*. seul, *solo*. connoître, *conoscere*. bien, *bene*. durée, *durata*. vie, *vita*. car, *poichè*. France, *Francia*. faire, *fare*. avec, *con*. promptitude, *prestezza*. dire, *dire* persuader, *persuadere*. jour, *giorno*. vivre, *vivere*.

5. Amuser, *divertire*. chez, *in casa di*. dame *signora*. trouver, *trovare*. différence, *differenza*. ingénieux, *ingegnoso*. objet, *oggetto*. pouvoir, *potere* entre, *fra*. montre, *oriuolo*. madame, *signora*. répondre, *rispondere*. marquer, *indicare*. heure, *ora*. auprès, *appresso*. oublier, *dimenticare*.

6. Quelqu'un, *qualcheduno*. rapporter, *rife rire* injure, *ingiuria*. dire, *dire*. croire, *credere*. bien aise, *contento*. entendre, *ascoltare*.

7. Demander, *domandare*. Caton, *Catone*. pourquoi, *perchè*. si bien, *così bene*. mériter, *meritare*. république, *repubblica*. ériger, *erigere*. statue, *statua*. aimer, *amare*. mieux, *meglio*. faire, *fare* demande, *domanda*.

LEÇON XIX.

DES ADVERBES, PRÉPOSITIONS, CONJONCTIONS ET INTERJECTIONS.

L'adverbe sert à exprimer la manière ou les circonstances de la chose dont on parle. Il y en a de plusieures sortes ; savoir : de temps, de lieu, de quantité, etc. ; comme : maintenant, hier, jamais, toujours ; où, ici, là ; combien, peu, beaucoup, trop, etc., *ora, jeri, mai, sempre ; dove, qui, qua, costì, costà, là ; quanto, poco, molto, troppo*, etc.

Observez que les adverbes de lieu *ici, là*, se rendent en italien par *qui, qua, costì, costà ;* mais on emploie *qui, costì*, avec les verbes de repos ; et *qua, costà*, avec les verbes de mouvement. Il faut encore observer que *qui, qua*, marquent le lieu où est celui qui parle ; et *costì, costà*, le lieu où est la personne à qui l'on parle.

Il y a plusieurs adverbes qui ont la terminaison en *mente*. Pour leur formation on n'a qu'à suivre la composition des adverbes français, dont l'adjectif qui précède la syllabe *ment* est toujours féminin. Ainsi de l'adjectif *ricca*, riche, on formera l'adverbe *riccamente*, richement, de *certa*, certaine, *certamente*, certainement. Quand l'adjectif finit en *e* on y ajoute seulement *mente : grande*, grande, *grandemente*, grandement, *diligente*, diligente, *diligentemente*, diligemment.

Si les noms adjectifs se terminent en *le* ou *re*, il faut retrancher le dernier *e*, comme *fedele*, fidèle, *fedelmente*, fidèlement, *particolare*, particulier, *particolarmente*, particulièrment.

Quelquefois on se sert de l'adjectif au lieu de l'adverbe ; comme : *io vi parlo chiaro* pour *vi parlo chiaramente*, je vous parle clairement

Les prépositions marquent les rapports que les choses ont entre elles.

La préposition *chez*, lorsqu'elle se trouve après un verbe de mouvement, se rend communément par *dal*, *dallo*, *dalla*, *dai*, *dagli*, *dalle*, si elle est suivie d'un article ou d'un pronom possessif qui exige en italien l'article; et par *da*, lorsqu'elle n'est suivie d'aucun article. Ex. Je vais chez le prince, *vado dal principe*; il est allé chez son marchand, *è andato dal suo mercante*; il est venu chez moi, *è venuto da me*. Si la préposition *chez* se trouve après les verbes de repos, on la rend souvent par *in casa*; ce qui signifie *dans la maison*; et par *presso*, *appresso*, lorsqu'elle n'a pas cette signification. Ex. Il demeure chez son oncle, *sta in casa di suo zio*; je reste tout le jour chez moi, *sto tutto il giorno in casa*, sous-entendu *mia* (*) : c'étoit l'usage chez les Grecs et les Romains, *era l'uso presso i Greci e i Romani*.

La préposition *en*, lorsqu'elle signifie *comme*, se rend par *da*. Ex. Habillé en paysan, c'est-à-dire, comme un paysan, *vestito da contadino*. Cette préposition *da* signifie quelquefois *près de* ou *environ*. Ex. *Visse da cent' anni*, il vécut près de cent ans; *ha da due milioni di capitale*, il a environ deux millions de capital. Quelquefois elle suppose un verbe; comme

---

(*) Pour rendre en italien *je vais chez moi*, *tu vas chez toi*, *il va chez lui*, etc., on dit *vado a casa* ou *a casa mia*, *tu vai a casa* ou *a casa tua*, *egli va a casa* ou *a casa sua*, et non pas *vado da me*, *tu vai da te*, *egli va da se*, etc.; quoique *chez* soit précédé ici d'un verbe de mouvement

queste sono azioni da bastonate, c'est-à-dire, *da me-
ritar bastonate*, ce sont des actions à mériter des
coups de bâton. Elle signifie aussi *avanti*, devant,
comme, *io passava spesso da casa sua*, je passois souvent devant sa maison. On s'en sert également pour
marquer l'usage d'une chose ; comme, *berretta da
notte*, bonnet de nuit ; *scatola da polvere*, boîte à poudre, etc. Dans les affirmations et les sermens, *da* a
rapport à la qualité et au caractère de la personne
qui parle. Ex. *Ti giuro da galantuomo ch' io non l'ho
veduto*, je te jure en honnête homme, *ou* foi d'honnête homme, que je ne l'ai pas vu.

Chaque préposition demande après elle quelque
cas, que je marquerai dans le recueil suivant :

A côté, *accanto*, *allato*. dat.

A l'égard, *rispetto*, *per rispetto*. dat.

Après, *dopo*. acc. gén.

Avant, *prima*. génit. *a-vanti*. dat. acc.

Au-delà, *di là*. abl.

Au-devant, *incontro*. dat. gén.

Au milieu, *in mezzo*. dat. gén.

Auprès, *accanto*, *allato*. datif. *appresso* ou *presso*. gén. dat. et acc.

Autour, *attorno*, *intorno*. dat. gén.

Chez, *v*. page 153.

Concernant, *circa*. dat. et acc.

Contre, *contro*. génit. dat. acc.

Dedans, *dentro*, *entro*, *per entro*. dat. acc. et gén.

Dehors, *fuori*. gén.

Derrière, *dietro*. dat. acc.

Dessous, *di sotto*. dat.

Dessus, *di sopra*. dat.

Devant, *davanti*, *avanti*,

dinnanzi, *dinanzi* dat. acc.

En bas, *giù*. gén. abl.

En-deçà, *di qua*. abl.

En face, *dirimpetto*, *in faccia*. dat.

Entre, *fra*. acc. gén.

Envers, *verso*. acc. gén.

Environ, *circa*, *incirca*. acc. dat. *intorno*. dat.

Excepté, } *eccetto eccettu-*
Hormis, } *ato*. acc.

Hors, *fuori*. gén.

Le long, *lungo*. acc.

Loin, *lontano*, *lungi*. abl.

Outre, *oltre*. dat. acc.

Parmi, *fra*. acc. gén.

Près, } *vicino*, dat. génit. *presso*
Proche, } gén. dat. acc.

Sans, *senza*. gén. acc.

Selon, *secondo*, *giusta*. acc. *a seconda*. gén.

Sous, *sotto*. acc. gén. dat

Suivant, *secondo*. acc.

Sur, *sopra*. acc. génit. dat.

Touchant, *circa*. acc. dat.

Vers, *verso*. acc. gén.

Vis-à-vis, *dirimpetto*, *rimpetto*, *in faccia*. dat.

Les conjonctions servent à lier les phrases. Observez que *benché*, *quantunque*, quoique ; *affinché*, afin que ; *purché*, pourvu que, régissent toujours le subjonctif, comme en français.

L'interjection sert pour exprimer quelques mouvemens de l'âme, comme la joie, la colère, la douleur, la crainte, etc. Ex. *Oh me felice!* que je suis heureux ! *bravo! bravo!* à merveille ; *su via*, allons ; *animo!* courage ! *guai a voi!* malheur à vous ! *ohimè!* hélas ! *oibò!* fi ! *deh, eh!* hé ! *zitto, zitto!* paix, paix ! *sfortunato me! disgraziato me!* malheureux que je suis ! etc.

THÈME IX.

1 L'avare désire ardemment les richesses.

2. L'affection envers les parens est le fondement de toutes les vertus.

3. L'homme de bien oublie facilement le mal, mais il se souvient particulièrement d'un bienfait.

4. Qui est loin des yeux est loin du cœur.

5. Les hommes flottent continuellement entre l'espérance et la crainte.

6. Il n'y a rien de plus agréable que d'être au milieu de ses amis.

7. Rien de plus insupportable que d'avoir devant soi un objet qui ennuie.

8. L'ambitieux ne regarde jamais derrière lui.

9. Une bienveillance mutuelle est le grand lien de la société humaine, et sans elle la vie est incommode, pleine de crainte et d'inquiétude.

10. Les Spartiates disoient que les plus timides à l'égard des lois, étoient les plus courageux contre les ennemis ; c'est pourquoi ils avoient un temple consacré à la crainte, près du lieu où s'assembloient les éphores.

11. Chez les hommes ordinaires, le nombre des amis augmente avec la fortune ; chez les gens de lettres, on ne connoît que par le nombre des ennemis le degré d'estime dont on est digne.

12. Il falloit que Scipion Nasica fût un très - honnête homme , puisque l'oracle répondit que la mère des dieux vouloit loger chez lui.

13. Alexandre se comporta envers Porus plutôt en ami qu'en vainqueur.

14. Lorsqu'Alexandre marcha vers la Syrie , plusieurs rois de l'Orient vinrent au-devant de lui.

15. Carthage est située vis-à-vis de l'Italie : cette ville fit souvent la guerre contre les Romains , mais elle fut enfin entièrement ruinée.

16. Les anciennes limites de la France étoient en-deçà des Alpes , au-delà desquelles le vaillant prince Eugène battit ses ennemis.

17. Avant Pierre-le-Grand les Russes étoient plongés dans la barbarie. Les arts et les sciences commencent depuis quelque temps à fleurir parmi eux.

18. Il y a de très-beaux bâtimens le long de la Tamise.

VOCABULAIRE.

1. Avare , *avaro.* désirer , *desiderare.* ardent , *ardente.* richesse , *ricchezza.*

2. Affection , *affetto.* parent , *parente.* fondement , *fondamento.* tout , *tutto.* vertu , *virtù.*

3. Homme , *uomo.* de bien , *dabbene.* oublier , *dimenticare.* facile , *facile.* mal , *male.* mais , *ma.* se souvenir , *ricordarsi.* particulier , *particolare.* bienfait , *benefizio.*

4 OEil, *occhio.* cœur , *cuore.*

5. Flotter, *ondeggiare*. continuel, *continuo*. rance, *speranza*. crainte, *timore*.

6. Agréable, *piacevole*. (d' se supprime). ami, *amico*.

7. Insupportable, *insoffribile*. (d' se supprime). objet, *oggetto*. ennuyer, *annojare*.

8. Ambitieux, *ambizioso*. regarder, *guardare*. jamais, *mai*.

9. Bienveillance, *benevolenza*. mutuel, *scambievole*. grand lien, *gran legame*. société, *società*. humain, *umano*. vie, *vita*. incommode, *nojoso*. plein, *pieno*. crainte, *timore*. inquiétude, *inquietudine*.

10. Spartiate, *Spartano*. dire, *dire*. timide, *timido*. loi, *legge*. courageux, *coraggioso*. ennemi, *nemico*. c'est pourquoi, *per questo*. temple, *tempio*. consacré, *consacrato*. lieu, *luogo*. où, *dove*. assembler, *radunare*. éphore, *eforo*.

11. Ordinaire, *ordinario*. nombre, *numero*. ami, *amico*. augmenter, *crescere*. fortune, *fortuna*. gens de lettres, *persone letterate*. connoître, *conoscere*. par le, *dal*. degré, *grado* estime, *stima*. digne, *degno*.

12. Scipion Nasica, *Scipione Nasica*. honnête, *onesto*. puisque, *poichè*. oracle, *oracolo*. répondre, *rispondere*. mère, *madre* Dieu, *Dio*. vouloir, *volere*. loger. *alloggiare*.

13. Alexandre, *Alessandro*. se comporter, *condursi*. Porus, *Poro*. plutôt, *piuttosto*. en (voyez page 153). vainqueur, *vincitore*.

14. Lorsque, *quando* marcher, *marciare.* Syrie *Siria.* plusieurs, *molti.* roi, *re.* Orient, *Oriente.* venir, *venire.*

15. Carthage, *Cartagine.* situé, *situato.* Italie, *Italia.* ville, *città.* faire, *fare.* souvent, *spesso.* guerre, *guerra.* Romain, *Romano.* enfin, *alla fine.* entièrement, *interamente.* ruiné, *ruinato.*

16. Ancien, *antico.* limite, *limite.* France, *Francia.* Alpes, *Alpi.* vaillant, *valoroso.* prince, *principe.* Eugène, *Eugenio.* battre, *battere.*

17. Pierre, *Pietro.* grand, *grande.* Russe, *Russo.* plongé, *immerso.* barbarie, *barbarie.* art, *arte.* science, *scienza.* commencer, *cominciare.* depuis quelque temps, *da qualche tempo.* fleurir. *fiorire.*

18. Beau, *bello.* bâtiment, *fabbrica.* Tamise, *Tamigi.*

⁕⁕

LEÇON XX.

SUR LES PARTICULES EXPLÉTIVES, ET LES MOTS QUI SONT
SUSCEPTIBLES DE RETRANCHEMENT ET D'AUGMENTATION.

Des Particules explétives

Via se met quelquefois après les verbes *andare, condurre, fuggire, gettare, torre*; comme: *andar via, condur via*, etc., s'en aller, amener, etc. Il sert à donner plus d'expression et plus de force au discours

Via più ou *vie più* signifie *beaucoup plus.* Ex: *Quest' uomo è via più* ou *vie più dotto che saggio*, cet homme est beaucoup plus savant que sage.

Pure sert aussi quelquefois à donner plus d'énergie à la phrase ; comme : *dite pure*, dites ou vous n'avez qu'à dire, *andate pure*, allez, allez ; *date pure*, donnez, donnez.

Il en est de même de *poi* ; comme: *oh! questo poi non è vero*, oh! cela n'est pas vrai.

Altrimenti est aussi quelquefois explétif; comme : *lo non so altrimenti chi egli sia*, je ne sais pas qui il est.

Il en est de même de *bello* ; comme, *bell' e fatto*, tout fait, achevé ; *di bel nuovo*, de nouveau ; *a bello studio*, *a bella posta*, à dessein, exprès, etc.

Forse, già, mai, servent aussi très-souvent à donner plus de force au discours ; comme : *credete forse ch' io m' inganni?* croyez-vous que je me trompe ? *Io nol credo già*, je ne le crois pas; *che è questo mai?* qu'est-ce que cela ? On trouve quelquefois *mai sempre* ou *sempre mai* pour *sempre*, toujours, *maisì, mainò* pour *sì, no*, oui, non.

On dit souvent *con esso lui, con esso lei, con esso noi, con esso voi, con esso loro*, etc., pour dire *avec lui, avec elle, avec nous, avec vous, avec eux*, etc., où *esso* n'est qu'explétif, et sert pour les deux genres et les deux nombres. On trouve même quelquefois *con esso meco, con esso teco, con esso seco*, ou simplement *con meco, con teco, con seco*, pour dire *avec moi, avec toi, avec lui, avec elle*, où *con esso* sont explétifs ; car *meco, teco, seco* signifient tout seuls *avec moi, avec toi, avec lui*,

Mi , ti , ci , vi , si , ne ou *me , te , ce , ve , se ,* servent souvent d'explétifs ; comme : *io mi credeva che voi foste italiano,* je croyois que vous étiez italien ; *desidero che tu ti rimanga con noi,* je désire que tu restes avec nous ; *ella se ne partì,* elle partit ; *egli se la vive assai lietamente,* il vit assez gaîment. Dans cette dernière phrase, *la* est aussi explétif.

Egli, ei ou *e',* et *ella,* sont aussi quelquefois employés dans le discours d'une manière explétive ; comme : *egli non erano ancora quattr' ore,* il n'étoit point encore quatre heures ; *ella non andrà sempre così,* cela n'ira pas toujours comme cela. Observez qu'on pourroit dire *non erano ancora quattr' ore, non andrà sempre così;* mais les explétifs *egli* et *ella* ajoutent beaucoup de force à l'expression.

Observez que les Italiens répètent quelquefois les pronoms personnels, pour donner plus de grâce et plus d'énergie au discours ; comme : *qual donna canterà, s' i'* (*) *non cant' io ?* (Bocc.) quelle dame chantera, si je ne chante pas?

Des Elisions et Retranchemens.

Les mots qui finissent en *a* ne s'élident pas devant les consonnes ; et on ne dira pas *una fier novella* pour *una fierà novella,* une terrible nouvelle. Il faut excepter *ora,* maintenant, avec ses composés ; tels que *allora, talora, finora, ancora,* etc., alors, quelque-

---

(*) *I'* pour *io.*

fois , jusqu'à présent , encore , etc. , et le mot *suora* , lorsqu'il tient la place d'un adjectif, et qu'il précède immédiatement son substantif; comme *suor Cecilia* , sœur Cécile ; *suor Rosalia* , sœur Rosalie , etc.

Les mots terminés en *e* non accentué peuvent s'élider devant une voyelle , comme : *oltr' a dieci anni* pour *oltre a dieci anni* , au-delà de dix ans ; *s'io vi vedo* pour *se io vi vedo* , si je vous vois , etc. ; mais si le dernier *e* est précédé d'un *c* ou d'un *g*, il ne s'élide que lorsque le mot suivant commence par un *e*. Ainsi on ne dira pas *dolc' amico, piagg' amene*, mais *dolce amico, piagge amene* , doux ami , rivages charmans.

Les mots terminés en *e* non accentué peuvent aussi s'élider devant les consonnes , lorsque l'*e* final est précédé d'une de ces trois lettres, *l* , *n* , *r* ; comme, *il sol nascente* pour *il sole nascente* , le soleil levant; *il ben vostro* pour *il bene vostro* , votre bien ; *il parer mio* pour *il parere mio* , mon opinion, etc. (*). Observez que pour faire l'élision , il faut que les consonnes *l* , *n* , *r* , soient simples , et qu'elles ne soient précédées d'aucune autre consonne.

Les pluriels qui finissent en *e* ne souffrent point d'élision; on ne dit pas *pen gravi* , *bram ragione-*

(*) Si le mot suivant commence par une *s* suivie d'une autre consonne, on ne fait point d'élision , et on dit *il sole splendente* , le soleil resplendissant ; *un bene straordinario*, un bien extraordinaire ; *un parere strano* , une opinion étrange , et non pas *il sol splendente* , etc.

voli, mais *pene gravi*, *brame ragionevoli*, peines graves, désirs raisonnables, etc.

Les pluriels qui finissent en *li* et *ni*, comme *veli*, *mani*, voiles, mains, etc., ne s'élident pas non plus, il faut néanmoins excepter *tali*, *quali*, pluriels de *tale*, *quale*, tel, telle, quel, quelle, qu'on change quelquefois par abréviation en *tai*, *quai*, devant les consonnes; comme *tai persone*, telles personnes; *quai cose!* quelles choses! -

Grande, devant une consonne, perd, dans les deux genres et les deux nombres, la dernière syllabe, lorsqu'il tient lieu d'adjectif et qu'il précède immédiatement un substantif qui commence par une consonne, pourvu que ce ne soit pas une *s* suivie d'une autre consonne; comme *gran palazzo*, *gran palazzi*, *gran sala*, *gran sale*, grand palais, grands palais, grande salle, grandes salles.

Frate perd aussi sa dernière syllabe devant une consonne, lorsqu'il sert d'adjectif, et qu'il précède immédiatement le substantif; comme *fra Girolamo*. frère Jérôme; *fra Bonifazio*, frère Boniface, etc

Les mots qui finissent en *gli* et *ci* ne s'élident que devant un *i*; comme *quegl' intervalli*, *dolc' inganni*, ces intervalles, douces illusions; mais on n'écriroit pas *quegl' amori*, *dolc' amplessi*, pour *quegli amori*, *dolci amplessi*, ces amours, doux embrassemens, etc.

On trouve souvent *ei*, et quelquefois, *e'* pour *egli*, il, lui, pronom personnel de la troisième personne, comme *ei* ou *e' mi disse*, il me dit.

Les mots terminés en *o* , qui , avant cette voyelle , ont une de ces trois consonnes *l* , *n* , *r* , s'élident très-souvent , pourvu que ces consonnes soient simples , et qu'elles ne soient pas précédées d'une autre consonne ; comme *ciel sereno* , *pien senato* , *leggier vento* etc., pour *cielo sereno* , *pieno senato* , *leggiero vento* ciel serein , plein sénat , vent léger , etc. Observez que *chiaro* , clair , *raro* , rare , *nero* , noir , *oscuro* , obscur , et quelques autres , ne sont pas susceptibles de retranchement.

Capello , *bello* , *quello* , *fratello* , et quelques autres , perdent au singulier la syllabe *lo* , lorsqu'ils précèdent immédiatement un nom qui commence par une consonne , pourvu que ce ne soit pas une *s* suivie d'une autre consonne ; comme *capel biondo* , *bel volto* , *quel libro* , *fratel maggiore* , cheveu blond , beau visage , ce livre , frère aîné. Observez que le pluriel de *bello* , *quello* est *bei* ou *be'* , *quei* ou *que'* devant les consonnes , et *begli* , *quegli* , devant les voyelles et les mots qui commencent par une *s* suivie d'une autre consonne ; comme *bei* ou *be' capelli* , *quei* ou *que' libri* , *begli occhi* , *quegli amori* , *begli spiriti* , *quegli studj* , beaux cheveux , ces livres , beaux yeux , ces amours , beaux esprits , ces études (*).

La première personne du singulier de l'indicatif présent qui finit en *o* ne s'élide pas , et il faut dire *io*

(*) On trouve quelquefois *fratei* pour *fratelli* , frères ; *capei* pour *capelli* , cheveux.

perdono, *io mi consolo*, etc., je pardonne, je me console, et non pas *io perdon*, *io mi consol*, etc. C'est pourquoi on a critiqué ce fameux vers du Tasse :

> *Amico, hai vinto : io ti perdon ; perdona.*
> Mon ami, tu as vaincu : je te pardonne ; pardonne-moi.

Sono, première personne du singulier, et troisième du pluriel de l'indicatif présent du verbe *essere*, est excepté de la règle précédente ; car on peut dire : *io son pronto*, *eglino son venuti*, etc., je suis prêt, ils sont venus, etc., au lieu de *io sono pronto*, *eglino sono venuti*.

Santo, devant une voyelle, perd la lettre *o* ; comme *Sant' Antonio*, Saint Antoine, etc. Devant une consonne, il perd la dernière syllabe, lorsqu'il tient lieu d'adjectif, et qu'il précède immédiatement un nom propre, comme *San Pietro*, Saint Pierre, etc. Mais si le nom commence par une *s* suivie d'une autre consonne, on ne fait point de retranchement, et on dit *Santo Stefano*, Saint Étienne, etc.

Les mots qui ont un accent sur la dernière voyelle ne s'élident pas ; on ne dit pas *and' in campagna* pour *ando in campagna*, il alla à la campagne, etc. Il faut excepter les composés de *che*: tels que *benché*, *perché*, *poiché*, *purché*, quoique, parce que, puisque, pourvu que, etc., qui peuvent s'élider devant les voyelles, quoiqu'ils soient terminés par un *é* accentué.

Les mots qui ont une diphthongue pour dernière syllabe, comme *nebbia*, *empio*, etc., brouillards.

impie, etc., ne sont pas susceptibles de retranchement. Cependant les Toscans disent et écrivent *Anton Maria*, *Anton Francesco*, pour *Antonio Maria*, *Antonio Francesco*, Antoine Marie, Antoine François.

Observez comme règle générale, qu'on ne fait point de retranchement dans les mots qui finissent le sens du discours, ou sur lesquels on s'arrête un peu; mais seulement dans les mots qui se prononcent nécessairement ensemble. Par exemple, on diroit *il decim' anno essendo passato*, la dixième année étant passée; mais on ne diroit pas *l' anno decim' essendo passato*.

Des Augmentations.

Il y a quelques mots qui sont susceptibles d'augmentation; tels sont ceux qui commencent par une *s* suivie d'une autre consonne, auxquels on ajoute un *i* au commencement, lorsqu'ils sont précédés des prépositions *in*, *con*, *per*, ou de la particule négative *non*. Ainsi, au lieu de dire *in stato*, *con studio*, *per sbaglio*, *non scherzate*, en état, avec étude, par erreur, ne plaisantez pas; on dit *in istato*, *con istudio*, *per isbaglio*, *non ischerzate*, etc. Les noms propres des personnes sont exceptés; car on dit *per Stefano*, *con Scipione*, pour Etienne, avec Scipion, et non pas *per Istefano*, *con Iscipione*, etc.

La préposition *a*, et les conjonctions *e*, *o*, et *ne* prennent un *d* devant les voyelles; comme *ad An-*

tonio, à Antoine, *voi ed io*, vous et moi ; *noi od egli* nous ou lui ; *ne tu ned essa*, ni toi ni elle (*)

THÈME XX.

Sur les Règles en général.

1. Une dame française reprochoit à l'ambassadeur de Siam la multiplicité des femmes. Madame, lui répondit-il, si l'on en trouvait à Siam d'aussi belles et d'aussi bien faites que vous, nous n'en aurions qu'une.

2. Un amateur qui considéroit les sept sacremens, peints par Le Poussin, critiquoit le tableau qui représentoit le mariage : Je vois bien, disoit-il, qu'il est difficile de faire un mariage qui soit bon, même en peinture.

3. Pierre-le-Grand, empereur de Russie, voyant en Sorbonne le tombeau du cardinal de Richelieu, s'écria : O grand homme ! si tu vivois encore, je te donnerois la moitié de mon empire pour apprendre de toi à gouverner l'autre.

4. Louis XII, auparavant duc d'Orleans, étant sollicité de venger les injures qu'on lui avoit faites avant qu'il montât sur le trône, dit : Que le roi de France ne devoit pas venger les injures du duc d'Orléans

5. Les Français assiégeoient une place. L'officier qui les commandoit fit proposer aux grenadiers une

---

(*) Observez que *od* et *ned* ne sont pas si usités que *ad* et *ed.*

somme considérable pour celui qui, le premier,
planteroit une fascine dans le fossé exposé à tout le
feu des ennemis. Aucun des grenadiers ne se pre-
sente. Le général étonné leur en fait des reprochés.
nous nous serions tous offerts, lui dit un de ces braves
soldats, si l'on n'avoit pas mis cette action à prix
d'argent.

VOCABULAIRE.

1. Dame, *dama*. reprocher, *rimproverare*. ambassadeur, *ambasciatore*. multiplicité, *moltiplicità*.
femme, *moglie*. madame, *signora*. si, *se*. trouver,
trovare. beau, *bello*. bien fait, *ben fatto*.

2. Amateur, *dilettante*. considérer, *considerare*.
sacrement, *sacramento*. peint, *dipinto*. critiquer,
criticare. tableau, *quadro*. représenter, *rappresentare*.
mariage, *matrimonio*. voir, *vedere*. bien, *bene*. difficile, *difficile*. bon, *buono*. même, *anche*. peinture
pittura.

3. Pierre, *Pietro*, grand, *grande*. empereur, *im-
peratore*. Russie, *Russia*. voir, *vedere*. Sorbonne,
Sorbona. tombeau, *tomba*. cardinal, *cardinale*. s'écrier
esclamare. homme, *uomo*. vivre, *vivere*. encore, *ancora*. donner, *dare*. moitié, *metà*. empire, *impero*.
apprendre, *insegnare*. gouverner, *governare*.

4. Louis, *Luigi*. auparavant, *prima*. solliciter,
sollecitare. venger, *vendicare*. injure, *ingiuria*. avant,
prima. monter, *salire*. trône, *trono*. roi, *re*. France,
Francia, devoir *dovere*.

5. Assiéger, *assediare*. place, *piazza*. officier, *uf-fiziale*. commander, *comandare*. proposer, *pro-porre*. grenadier, *granatiere*. somme considérable *somma considerabile*. planter, *piantare*. fascine, *fa-scina*. fossé, *fosso*. exposer, *esporre*. feu, *fuoco*. ennemi, *nemico*. aucun, *alcuno*. présenter, *presentare*. général, *generale*. étonner, *maravigliare*. reproche, *rimpro-vero*. offrir, *offrire*. brave, *bravo*. soldat, *soldato*. mettre, *mettere*. action, *azione*. prix, *prezzo*. argent, *danaro*.

RECUEIL
DES NOMS LES PLUS USITÉS

DU CIEL ET DES ÉLÉMENS.—*DEL CIELO E DEGLI ELEMENTI.*

Dieu, *Dio*.

Le feu, *il fuoco*.

L'air, *l'aria*.

La terre, *la terra*.

L'eau, *l'acqua*.

La mer, *il mare*.

Le soleil, *il sole*.

La lune, *la luna*.

Le vent, *il vento*.

La pluie, *la pioggia*.

Les nuages, *le nuvole*.

Le tonnerre, *il tuono*.

L'éclair, *il baleno*, ou *il lampo*

La grêle, *la grandine*.

La foudre, *il fulmine*.

La neige, *la neve*.

La gelée, *il gelo*.

La glace, *il ghiaccio*

La rosée, *la rugiada*.

H

Le brouillard, *la nebbia.*

Le tremblement de terre, *il terremoto.*

Le chaud, *il caldo.*

Le froid, *il freddo.*

Du temps et de ses parties.

Del tempo e delle sue parti.

Un siècle, *un secolo.*

Un an, *un anno*

Le printemps, *la primavera.*

L'été, *l' estate.*

L'automne, *l' autunno.*

L'hiver, *l' inverno.*

Un mois, *un mese.*

Le jour, *il giorno.*

Le jour de fête, *il giorno di festa.*

Le jour ouvrable, *il giorno di lavoro.*

Le lever du soleil, *lo spuntar del sole.*

Le matin, *la mattina.*

Le midi, *il mezzo giorno.*

L'après-dinée, *il dopo pranzo.*

Le coucher du soleil, *il tramontar del sole.*

Le soir, *la sera.*

La nuit, *la notte.*

Après-souper, *dopo cena.*

Minuit, *mezza notte.*

Aujourd'hui, *oggi.*

Hier, *jeri.*

Avant-hier, *l' altro jeri.*

Demain, *domani.*

Après-demain, *posdomani.*

Une heure, *un' ora.*

Un quart-d'heure, *un quarto d'ora.*

Une demi-heure, *una mezz' ora.*

Une minute, *un minuto.*

Un moment, *un momento.*

Les jours de la semaine.

I giorni della settimana.

Lundi, *lunedì.*

Mardi, *martedì.*

Mercredi, *mercoledì.*

Jeudi, *giovedi.*

Vendredi, *venerdi.*

Samedi, *sabato.*

Dimanche, *domenica.*

Les mois
I mesi.

Janvier, *gennajo.*

Février, *febbrajo.*

Mars, *marzo*

Avril, *aprile.*

Mai, *maggio.*

Juin, *giugno.*

Juillet, *luglio.*

Août, *agosto.*

Septembre, *settembre.*

Octobre, *ottobre.*

Novembre, *novembre.*

Décembre, *dicembre.*

Degrés de parenté.
Gradi di parentado.

Le père, *il padre.*

La mère, *la madre.*

Le grand-père, *il nonno.*

Le fils, *il figliuolo.*

La fille, *la figliuola.*

Le frère, *il fratello.*

La sœur, *la sorella.*

L'aîné, *il maggiore.*

Le cadet, *il minore.*

L'oncle, *lo zio.*

La tante, *la zia.*

Le neveu, *il nipote.*

La nièce, *la nipote.*

Le cousin, *il cugino.*

La cousine, *la cugina.*

Le beau-frère, *il cognato*

La belle-sœur, *la cognata.*

Le beau-père, *il suocero.*

La belle-mère, *la suocera.*

Le beau-fils, *il figliastro.*

La belle-fille, *la figliastra.*

Le gendre, *il genero.*

La bru, *la nuora.*

Le mari, *il marito.*

La femme, *la moglie.*

Des états de l'homme et de la femme.
Degli stati dell' uomo e della donna

Un vieillard, *un vecchio.*

Une vieille, *una vecchia.*

Un homme âgé, *un uomo attempato.*

Ine femme âgée, *una donna attempata.*

Un jeune homme, *un giovane.*

Une jeune fille, *una giovane.*

Un petit enfant, *un bambino.*

Un garçon, *un ragazzo.*

Une fille, *una zitella.*

Le maître, *il padrone.*

La maîtresse, *la padrona.*

Le domestique, *il servo.*

La servante, *la serva.*

Le valet-de-chambre, *il cameriere.*

La femme-de-chambre, *la cameriera.*

Le cuisinier, *il cuoco.*

Le cocher, *il cocchiere.*

Le maître-d'hôtel, *il maestro di casa.*

Le paysan, *il contadino.*

L'étranger, *il forestiere.*

———

Des parties du corps.

Delle parti del corpo.

La tête, *la testa.*

Les cheveux, *i capelli.*

Le visage, *il viso.*

Le teint, *la carnagione.*

La peau, *la pelle.*

Le front, *la fronte.*

Les yeux, *gli occhi.*

Les sourcils, *le ciglia.*

Les oreilles, *le orecchie.*

Les tempes, *le tempie.*

Les joues, *le guancie.*

Le nez, *il naso.*

La bouche, *la bocca.*

Les dents, *i denti.*

La langue, *la lingua.*

Les lèvres, *le labbra.*

Le palais, *il palato.*

Le menton, *il mento.*

Le cou, *il collo.*

La gorge, *la gola.*

Les épaules, *le spalle.*

Les bras, *le braccia.*

Le coude, *il gomito.*

La main, *la mano.*

Le doigt, *il dito.*

Le pouls, *il polso.*

Les ongles, *le unghie.*

L'estomac, *lo stomaco.*

La poitrine, *il petto.*

Le cœur, *il cuore.*

Le sang, *il sangue.*
Les cuisses, *le coscie.*
Les genoux, *le ginocchia*
La jambe, *la gamba.*
Le talon, *il calcagno.*
Le pied, *il piede.*
La taille, *la statura.*

———————

Des parties de la maison.

Delle parti della casa.

La maison, *la casa.*
La porte, *la porta.*
La sonnette, *il campanello.*
La chambre, *la camera.*
La salle, *la sala.*
La fenêtre, *la finestra.*
La cuisine, *la cucina.*
La cheminée, *il cammino.*
Le four, *il forno.*
La cour, *il cortile.*
Le puits, *il pozzo.*
La cave, *la cantina.*
L'escalier, *la scala.*
L'allée, *l'andito.*
Le rez-de-chaussée, *il piano terreno.*
L'entresol, *il mezzanino.*

Le premier, le second, le troisième, etc., étage, *il primo, il secondo, il terzo, etc., piano.*
Le mur, *il muro.*
Le toit, *il tetto.*

———————

Les meubles de la maison.

I mobili della casa.

Le lit, *il letto.*
Les draps, *le lenzuola.*
Le matelas, *il materasso*
La paillasse, *il pagliericcio.*
Le traversin, *il capezzale.*
L'oreiller, *il guanciale.*
La couverture, *la coperta*
Les rideaux, *le cortine*
Le tapis, *il tappeto.*
Les chaises, *le sedie.*
La table, *la tavola.*
Le miroir, *lo specchio.*
Les tableaux, *i quadri.*
Le chandelier, *il candeliere.*
Une chandelle, *una candela.*

Les mouchettes , *lo smoc-colatojo.*

Du bois , *delle legna.*

Les vergettes, *la spazzola.*

Les chenets , *gli alari.*

Les ciseaux , *le forbici.*

Le balai , *la scopa.*

Le soufflet , *il soffietto.*

La clef, *la chiave.*

La pelle , *la paletta.*

La serrure , *la serratura.*

Les pincettes , *le molle.*

Le verrou , *il chiavistello.*

PHRASES FAMILIÈRES,

A L'USAGE

DES COMMENÇANS.

FRASI FAMIGLIARI,

AD USO

DE' PRINCIPIANTI.

Du verbe *Avoir*

Del verbo Avere.

J'ai de l'encre.

Io ho dell' inchiostro.

Tu as une écritoire.

Tu hai un calamajo.

Il a une plume.

Egli ha una penna.

Elle a du papier.

Ella ha della carta.

Nous avons un plioir

Noi abbiamo una stecca.

Vous avez un canif

Voi avete un temperino.

Ils ont un poudrier.

Eglino hanno un polve-rino.

Elles ont un cachet.

Elleno hanno un sigillo.

J'avois un chapeau.

Io aveva un cappello.

Tu avois un manteau.

Tu avevi un ferrajuolo.

Il avoit une épée.

Egli aveva una spada.

Elle avoit un collier de perles.

Elia aveva un vezzo di perle.

Nous avions des bottes.

Noi avevamo degli stivali.

Vous aviez des gants.	Voi avevate dei guanti.
Ils avoient des boucles.	Eglino avevano delle fibbie.
Elles avoient des pendans d'oreilles.	Elleno avevano degli orecchini.
J'eus une bague.	Io ebbi un anello.
Tu eus un manchon.	Tu avesti un manicotto.
Il eut une canne.	Egli ebbe una canna.
Elle eut un tablier.	Ella ebbe un grembiale.
Nous eûmes des rubans.	Noi avemmo de' nastri.
Vous eûtes des dentelles.	Voi aveste dei merletti
Ils eurent un habit.	Eglino ebbero un vestito.
Elles eurent un éventail.	Elleno ebbero un ventaglio.
J'aurai du pain.	Io avrò del pane.
Tu auras du vin.	Tu avrai del vino.
Il aura du bouillon.	Egli avrà del brodo.
Elle aura du bouilli.	Ella avrà del lesso.
Nous aurons de la viande	Noi avremo della carne.
Vous aurez du poisson.	Voi avrete del pesce.
Ils auront du ragoût.	Eglino avranno del guazetto.
Elles auront du rôti.	Elleno avranno dell' arrosto
J'aurois du jambon.	Io avrei del presciutto.
Tu aurois des saucisses.	Tu avresti delle salsiccie.
Il auroit un pâté.	Egli avrebbe un pasticcio
Elle auroit des petits pâtés.	Ella avrebbe de pasticcetti

Nous aurions de la salade.	Noi **avremmo** dell' insalata.
Vous auriez du fromage.	Voi avreste del formaggio.
Ils auroient des fruits.	Eglino avrebbero delle frutta.
Elles auroient des oranges.	Elleno avrebbero de' melangoli.
Si j'avois une nappe.	Se io avessi una tovaglia.
Si tu avois une serviette.	Se tu avessi un tovagliolo.
S'il avoit un couteau.	S' egli avesse un coltello.
Si elle avoit une four-chette.	S' ella avesse una for-chetta.
Si nous avions une cuiller.	Se noi avessimo un cucchiajo.
Si vous aviez des assiettes.	Se voi aveste de' tondi.
S'ils avoient une bouteille.	S' eglino avessero una bottiglia.
Si elles avoient des verres.	S' elleno avessero de' bicchieri.

Du verbe *Être.*	*Del verbo* **Essere.**
Je suis maçon.	Io sono muratore
Tu es serrurier.	Tu sei magnano.
Il est vitrier.	Egli è vetrajo.
Elle est brodeuse.	Ella è ricamatrice.
Nous sommes chapeliers.	Noi siamo cappellaj.
Vous êtes fripiers.	Voi siete rigattieri.
Ils sont tisserands.	Eglino sono tessitori

Elles sont blanchisseuses.	Elleno sono lavandaje.
J'étois tailleur.	Io era sartore.
Tu etois cordonnier.	Tu eri calzolajo.
Il étoit perruquier.	Egli era perrucchiere.
Nous étions pâtissiers.	Noi eravamo pasticci
Vous étiez boulangers.	Voi eravate fornaj.
Ils étoient cuisiniers.	Eglino erano cuochi.
Je fus tonnelier.	Io fui bottajo.
Tu fus maréchal.	Tu fosti maniscalco.
Il fut sellier.	Egli fu sellajo.
Nous fûmes bouchers.	Noi fummo macellaj.
Vous fûtes charcutiers.	Voi foste pizzicagnoli.
Ils furent poissonniers.	Eglino furono pesciven doli.
Je serai jardinier.	Io sarò giardiniere.
Tu seras pêcheur.	Tu sarai pescatore.
Il sera meunier	Egli sarà mugnajo.
Nous serons peintres	Noi saremo pittori.
Vous serez sculpteurs.	Voi sarete scultori.
Ils seront graveurs.	Eglino saranno intaglia tori.
Je serois libraire.	Io sarei librajo.
Tu serois imprimeur.	Tu saresti stampatore.
Il seroit médecin.	Egli sarebbe medico.
Nous serions chirurgiens.	Noi saremmo chirurghi.
Vous seriez apothicaires.	Voi sareste speziali.
Ils seroient droguistes.	Eglino sarebbero dro ghieri.
Si j'étois marchand.	Se io fossi mercante.

Si tu étois banquier.	Se tu fossi banchiere.
S'il étoit horloger.	S'egli fosse oriolajo.
Si nous étions joailliers.	Se noi fossimo giojellieri
Si vous étiez teinturiers.	Se voi foste tintori.
S'ils étoient ramoneurs.	S'eglino fossero spazzi cammini.

Pour affirmer et nier.	*Per affermare e negare.*
il est vrai.	È vero.
Cela n'est que trop vrai.	Quest'è pur troppo vero
Qui en doute?	Chi ne dubita?
Il n'y a point de doute.	Non v'è dubbio alcuno.
Que voulez-vous parier?	Che volete scommettere?
Je gagerois quelque chose.	Scommetterei qualche cosa.
Je gagerai ce que vous voudrez.	Scommetterò quel che volete.
Croyez-moi; je puis vous l'assurer.	Credetemi; ve lo posse assicurare
C'est ainsi.	È così.
Je crois que oui.	Credo di sì.
Je crois que non.	Credo di no.
Je dis que oui.	Dico di sì
Je dis que non.	Dico di no.
Sur mon honneur.	Sull'onor mio.
Sur ma parole.	Sulla mia parola.
Foi d'honnête homme.	Da galantuomo.
Je dis toujours la vérité.	Dico sempre la verita,
Je vous crois.	Vi credo

Je n'en crois pas un mot.	Non ne credo una parola.
Je ne crois pas la moitié de ce qu'on dit.	Non credo la metà di quel che si dice.
Je ne saurois le croire.	Non posso crederlo
Cela n'est pas vrai.	Non è vero.
Cela est impossible.	È impossibile.
Cela est faux.	Quest' è falso.
C'est un mensonge.	È una bugia.

Pour remercier et complimenter.	*Per ringraziare e complimentare.*
Bon jour, Monsieur.	Buon giorno, Signore.
Votre très-humble serviteur.	Servitore umilissimo
Je suis bien-aise de vous voir en bonne santé.	Godo di vedervi in buona salute.
Je vous remercie de tout mon cœur.	Vi ringrazio di tutto cuore.
Puis-je vous servir en quelque chose?	Posso servirvi in qualche cosa?
Je vous suis fort obligé, obligée.	Vi sono molto obbligato. obbligata.
Vous me faites trop d'honneur.	Mi fate troppo onore.
Donnez une chaise à Monsieur.	Date una sedia al Signore.

Il n'est pas nécessaire.	Non è necessario.
Couvrez-vous.	Copritevi.
Je suis fort bien comme cela.	Sto benissimo così.
Ne faites point de cérémonies.	Non fate ceremonie.
Comment se porte monsieur votre frère ?	Come sta il vostro Signor fratello.
Il se porte fort bien, grâces à Dieu.	Sta benissimo, grazie a Dio.
Est-il à la maison ?	È egli in casa ?
Non, Monsieur ; il est sorti.	No, Signore; è uscito.
Et Madame votre mère, comment se porte-t-elle ?	E la vostra Signora madre, come sta ella ?
Pas trop bien.	Non troppo bene.
Qu'a-t-elle ?	Che ha ?
Elle a la fièvre.	Ha la febbre.
Depuis quand ?	Da quando in qua ?
Depuis hier.	Da jeri in qua.
J'en suis bien fâché.	Me ne dispiace moltissimo.
Y a-t-il long-temps que vous n'avez vu Monsieur N... ?	È un pezzo che non avete veduto il Signor N... ?
Je l'ai vu hier, l'autre jour, la semaine passée.	L'ho veduto jeri, l'altro giorno, la settimana passata.
C'est un honnête homme.	È un uomo di garbo.

Quand vous le verrez, faites-lui mes complimens.	Quando lo vedrete, fategli i miei complimenti.
Adieu, mon cher ami.	Addio, mio caro amico.

Pour consulter.	Per consultare.
Que ferons-nous ?	Che faremo ?
Que faut-il faire ?	Che si ha da fare ?
Que me conseillez-vous de faire ?	Che mi consigliate di fare ?
Quel parti prendrons-nous ?	Che partito prenderemo ?
Que voudriez-vous faire ?	Che vorreste fare ?
Faisons une chose.	Facciamo una cosa.
Faisons comme cela.	Facciamo così.
Il me semble qu'il vaudroit mieux....	Mi pare che sarebbe meglio....
Si j'etois à votre place, je ferois....	S'io fossi in luogo vostro, farei....
Qu'en pensez-vous ?	Che ne pensate ?
Que vous en semble-t-il ?	Che ve ne pare ?
A quoi servira tout cela ?	A che servirà tutto questo ?
Laissez-moi faire.	Lasciatemi fare.

Pour aller et venir.	Per andare e venire.
Qui est là ?	Chi è là.
Entrez.	Entrate.

D'où venez-vous ?	Di dove venite ?
Je viens de chez moi	Vengo di casa mia.
Où allez-vous ?	Dove andate ?
Je vais me promener.	Vado a spasso.
Je vais voir un ami.	Vado a veder un amico
Je vais chez Monsieur N.	Vado dal Signor N.
Je vais chez Madame N.	Vado dalla Signora N.
Je vais ici près ; au logis ; à la comédie ; à l'église.	Vado qua vicino ; a casa, alla commedia ; alla chiesa
Voulez-vous que j'aille avec vous ?	Volete ch' io venga con voi ?
Allons ensemble.	Andiamo insieme.
Retournons sur nos pas.	Torniamo indietro.
Venez ici.	Venite qua.
Montez.	Salite.
Descendez.	Scendete.
Allez à droite, à gauche.	Andate a destra, a sinistra.
Allez-vous en.	Andatevene.
Sortez de la maison.	Uscite di casa.
Dépêchez-vous.	Sbrigatevi.
Revenez tout de suite.	Tornate subito.
Ne marchez pas si vite.	Non camminate così presto.
Allez plus doucement.	Andate più adagio.
Je suis pressé.	Ho fretta.
Arrêtez-vous.	Fermatevi.
Ne bougez pas de là.	Nonvi movete di costà.

Pourquoi restez-vous debout ?	Perchè restate voi in Piedi ?
Asseyez-vous.	Sedete.
Attendez un peu.	Aspettate un poco.
Ouvrez la fenêtre.	Aprite la finestra.
Fermez la porte.	Chiudete la porta.

D'entendre, de comprendre et de connoître.	*Dell' intendere, capire e conoscere*
Ecoutez-moi.	Ascoltatemi.
M'entendez-vous ?	M'intendete ?
Me comprenez-vous ?	Mi capite ?
Je vous entends bien.	V' intendo bene.
Je vous comprends un peu.	Vi capisco un poco.
Que dites-vous ?	Che cosa dite ?
Répondez-moi.	Rispondetemi.
Parlez haut.	Parlate forte.
Vous parlez trop bas.	Voi parlate troppo piano.
Qui est ce Monsieur qui vous parloit tantôt ?	Chi è quel Signore, che parlava con voi poco fa ?
Le connaissez-vous ?	Lo conoscete ?
Je le connois de vue.	Lo conosco di vista ?
Je le connois de réputation.	Lo conosco per fama
Je n'ai pas l'honneur de le connoître.	Non ho l'onor di conoscerlo.
Connoissez - vous cette Dame ?	Conoscete voi quella Signora ?

Je l'ai vue plusieurs fois.	L' ho veduta parecchie volte.
Où demeure-t-elle ?	Dove sta di casa ?
Ici près.	Qui vicino.
Dans quelle rue ?	In che strada ?
Dans la rue de	Nella strada di. ....
De quel pays est-elle ?	Di che paese è ?
Elle est Italienne.	È Italiana.
Où l'avez-vous connue ?	Dove l'avete conosciuta ?
A Venise, à Milan, à Paris.	In Venezia, in Milano, in Parigi.
Y a-t-il long-temps que vous la connoissez ?	È un pezzo che la conoscete ?
Il y a environ deux ans.	Sono due anni incirca.
Je serois bien aise de faire sa connoisance.	Avrei a caro di far la sua conoscenza.
Nous irons ensemble la saluer.	Andremo insieme a riverirla.
Quand ?	Quando ?
Quand il vous plaira.	Quando vi piacerà.
Nous irons demain matin.	Vi andremo domatina.

Du lever.

Del levarsi.

Êtes-vous encore au lit ?	Siete ancora in letto ?
Je dormois profondément.	Dormiva profondamente
Vous dormez trop.	Voi dormite troppo.
Vous êtes un paresseux.	Siete un poltrone.
Levez-vous tout de suite.	Alzatevi subito.

Laissez-moi dormir.	Lasciatemi dormire.
Il faut se lever; il est neuf heures.	Bisogna levarsi; sono le nove.
Je me couchai hier au soir fort tard.	Jeri sera andai a letto molto tardi.
Que fîtes-vous après souper?	Che faceste dopo cena?
On joua au piquet.	Si giuocò a picchetto.
Avez-vous gagné ou perdu?	Avete vinto o perso?
J'ai gagné douze sequins.	Ho vinto dodici zecchini.
Jusqu'à quelle heure jouâtes-vous?	Fino a che ora giuocaste?
Jusqu'à deux heures après minuit.	Fino a due ore dopo mezza notte.
Je ne m'étonne pas, si vous vous levez si tard.	Non mi meraviglio, se vi levate così tardi.
Allons, je veux m'habiller.	Animo, voglio vestirmi.
Donnez-moi ma chemise.	Datemi la mia camicia.
La voilà, Monsieur.	Eccola, Signore.
Apportez-moi mes bas, mes jarretières, et ma culotte.	Portatemi le mie calzette, le mie legacce e i miei calzoni.
Où sont mes souliers?	Dove sono le mie scarpe?
Les voici.	Eccole.
Où est ma robe de chambre?	Dov'è la mia veste da camera?

elle est sur ce fauteuil.	È su quella sedia d'appoggio.
Donnez-moi un mouchoir.	Datemi un fazzoletto.
En voici un blanc, Monsieur.	Eccone un bianco, Signore.
Donnez-moi de l'eau pour me laver.	Datemi dell' acqua per lavarmi.
On frappe ; voyez qui c'est.	Si picchia; vedete chi è.
C'est Monsieur N.	È il Signor N.
Faites-le entrer.	Fatelo entrare.

Du déjeûné.	Della colazione.
Avez-vous déjeûné, Monsieur ?	Avete fatto colazione, Signore ?
Non, Monsieur.	No, Signore.
Vous venez à propos : le déjeûné est prêt.	Venite a proposito; la colazione è pronta.
Je suis venu exprès pour déjeûner avec vous.	Son venuto apposta per far colazione con voi.
Fort bien. Que voulez-vous prendre ?	Benissimo. Che cosa volete prendere ?
Ce qu'il vous plaira.	Quel che vi piacerà.
Voulez-vous le chocolat ou le café?	Volete la cioccolata o il caffè ?
J'aime beaucoup le chocolat.	Mi piace molto la cioccolata.
Apportez la chocolatière ; mettez-la sur le feu.	Portate la cioccolattiera mettetela sul fuoco.

Où sont les tasses ?	Dove sono le chicchere ?
Les voici.	Eccole.
Ces tasses sont superbes ; je n'ai jamais vu de si belle porcelaine	Queste chicchere sono superbe ; non ho mai visto una così bella porcellana.
C'est le présent d'un de mes amis , qui les a fait venir de Saxe.	È il regalo d'un mio amico che le ha fatte venir di Sassonia.
Le cabaret aussi est magnifique.	Anche il vassojo è magnifico.
Allons , faites chauffer de l'eau : je veux faire du thé.	Animo , fate scaldar dell' acqua ; voglio far del tè.
N'en faites pas pour moi ; une tasse de chocolat me suffit.	Non ne fate per me ; una chicchera di cioccolata mi basta.
J'ai du thé délicieux ; je veux que vous en goûtiez.	Ho un tè delizioso ; voglio che l'assaggiate.
Monsieur, je vous suis bien obligé de votre bonté.	Signore , sono molto tenuto alla vostra bontà.
Mettez-y un peu plus de sucre.	Metteteci un poco piu di zucchero.
Votre thé est excellent ; où l'achetez-vous ?	Il vostro tè è ottimo ; dove lo comprate ?
Si vous le souhaitez, je vous donnerai l'adresse?	Se bramate, vi darò 'indirizzo?
Vous me ferez plaisir.	Mi farete piacere.

De l'heure.	Dell' ora.
Quelle heure est-il ?	Che ora è ?
Quelle heure croyez-vous qu'il soit ?	Che ora credete che sia ?
Je crois qu'il n'est pas encore deux heures.	Credo che non siano ancora le due.
Il est deux heures et demie.	Sono due ore e mezzo.
Il est deux heures et trois quarts.	Sono due ore e tre quarti.
Il est quatre heures moins un quart.	Sono le quattro meno un quarto
Il s'en va cinq heures.	Son cinque ore le prime.
Comment, cinq heures ! il est six heures sonnées.	Come, le cinque ! sono sonate le sei.
Il sera bientôt dix heures.	Saranno presto le dieci.
J'entends l'horloge.	Sento l'orologio.
L'horloge sonne.	L' orologio suona.
Comptez les heures.	Contate le ore.
Il est midi.	È mezzodì.
Il est une heure, une heure et demie.	È un' ora , un' ora e mezzo.
Il est encore de bonne heure.	È ancora a buon' ora.
Il n'est pas tard.	Non è tardi.
Voyez quelle heure il est à votre montre.	Vedete che ora è al vostro oriuolo.
Elle ne va pas ; elle n'est pas montée.	Non va ; è scarico.

Il faut que je la monte.	Bisogna ch'io lo carichi.
Elle avance ; elle retarde.	Va avanti ; va addietro.
Il est presque nuit.	È quasi notte.
Il se fait tard.	Si fa tardi.
A quelle heure vous cou- chez-vous ?	A che ora andate a letto ?
A minuit.	A mezza notte.
Nous vous verrons demain à dix heures.	Ci vedremo domani alle dieci.
Je vous attendrai jusqu'à onze heures , à onze heures et un quart.	Vi aspetterò fino alle un- dici ; alle undici e un quarto.

Du temps.	Del tempo.
Quel temps fait-il aujour- d'hui ?	Che tempo fa oggi ?
Il fait beau temps.	Fa bel tempo.
Il fait mauvais temps.	Fa cattivo tempo.
Le temps est couvert.	Il tempo è nuvoloso
Il fait chaud.	Fa caldo.
Il fait froid.	Fa freddo.
Il me semble qu'il fait un grand brouillard.	Mi pare che vi sia un gran nebbia
C'est vrai.	È vero.
Il fait du vent.	Tira vento.
Il gèle.	Gela.
Il neige.	Nevica.
Il tonne.	Tuona.
Il éclaire	Lampeggia *ou* balena.

Il grêle.	Grandina.
Il pleut.	Piove.
Il pleut à verse.	Diluvia.
Ce n'est qu'une ondée; elle passera bientôt.	Non è che una scossa; passerà presto.
Je n'ai pas pris mon parapluie.	Non ho preso l'ombrella.
Mettons-nous à couvert.	Mettiamoci al coperto.
L'orage est passé.	La burrasca è passata.
Les nuages se dissipent peu à peu.	Le nuvole spariscono a poco a poco.
Le soleil commence à luire.	Il sole comincia a risplendere.
Je vois l'arc-en-ciel.	Vedo l'arcobaleno.
Il fait une chaleur étouffante.	È un caldo affannoso.
Il fait un temps humide et mal-sain.	È un tempo umido e malsano.
Le temps est inconstant et variable.	Il tempo è incostante e variabile.

Pour demander ce qu'on dit de nouveau.	Per chiedere ciò che si dice di nuovo.
Que dit-on de nouveau?	Che si dice di nuovo?
Je n'ai rien entendu.	Io non ho inteso nulla.
De quoi parle-t-on à présent?	Di che si parla adesso?
On ne parle de rien.	Non si parla di niente.

Avez-vous entendu dire que nous aurons la guerre	Avete inteso dire che avremo la guerra?
Je n'en ai pas entendu parler.	Io non ne ho inteso parlare.
Au contraire, on parle de paix.	Al contrario, si parla di pace.
Que dit-on à la cour ?	Che si dice in corte ?
On parle d'un voyage du roi.	Si parla d'un viaggio del re.
Quand croit-on qu'il partira ?	Quando si crede che partirà ?
On ne le sait pas.	Non si sa.
Où dit-on qu'il ira ?	Dove si dice ch' andrà ?
Les uns disent en Italie, les autres en Allemagne.	Chi dice in Italia, chi in Germania ?
Et la gazette que dit-elle ?	E la gazzetta che dice ?
je ne l'ai pas lue.	Non l' ho letta.
Est-il vrai ce qu'on dit de Monsieur N ?	È vero quel che si dice del Signor N ?
Qu'en dit-on ?	Che se ne dice ?
On dit qu'il a été blessé à mort.	Si dice che sia stato ferito a morte.
J'en servis fâché ; car c'est un honnête homme.	Me ne dispiacerebbe perchè è un galantuomo.
Qui l'a blessé ?	Chi l' ha ferito ?
Le capitaine N.	Il capitano N.
sait-on pourquoi ?	Si sa il perchè ?
ve bruit court que c'est	La voce corre che sia par

(192)

pour avoir mal parlé de lui.
avere sparlato di lui.

Je ne le crois pas.
Non lo credo.

Ni moi non plus.
Nemmeno io.

Quoi qu'il en soit, on saura bientôt la vérité.
Comunque sia, si saprà presto la verità.

Connoissiez - vous Monsieur N ?
Conoscevate il Signor N?

Je le connoissois très-bien.
Lo conosceva benissimo.

Il est mort la semaine passée.
È morto la settimana scorsa.

Je le sais.
Lo so.

Il étoit mon grand ami.
Era mio grande amico

Il est regretté de tout le monde.
È compianto da tutti.

Étoit-il marié ?
Era egli ammogliato ?

Oui, Monsieur.
Sì, Signore.

Sa femme doit être fort affligée.
Sua moglie deve essere molto afflitta.

Elle est inconsolable.
Ella è inconsolabile.

On croit qu'elle mourra de chagrin.
Si crede che morrà di dolore.

Du diné.

Del pranzo.

Où allons-nous diner?
Dove vogliamo andare a pranzo ?

Si nous voulons bien diner, allons chez Véry.
Se vogliamo pranzar bene, andiamo da Very.

Que souhaitez-vous, Messieurs ?	Che bramate, Signori ?
Nous voulons dîner. Qu'avez-vous de bon ?	Vogliam pranzare. Che cosa avete di buono ?
J'ai de bon potage, du bœuf, du dindon, des poulets et des pigeons.	Ho una buona minestra, del manzo, del gallinaccio, dei pollastri, e dei piccioni.
J'ai aussi du veau rôti, un chapon, un canard, des œufs et des choux-fleurs.	Ho ancora del vitello arrosto, un cappone, un' anitra, delle uova e de' cavoli fiori.
Avez-vous des bécasses, des grives, des faisans ?	Avete delle beccaccie, de' tordi, de' fagiani ?
Non, Messieurs ; mais j'ai des allouettes et des perdrix.	No, Signori ; ma ho delle lodole e delle pernici.
Donnez-nous donc un potage au riz, des pigeons, des côtelettes, des perdrix, des asperges, du raisin et des figues.	Dateci dunque una minestra di riso, dei piccioni, delle braciuole, delle pernici, degli sparagi, dell' uva e de' fichi.
Souhaitez-vous du poisson, Messieurs ?	Bramate del pesce, Signori ?
Oui, donnez-nous-en.	Si, datecene.
Voulez-vous du brochet, des soles ou des anguilles ?	Volete del luccio, delle sogliole o delle anguille ?

I

Non, apportez-nous des merlans, de la raie, du saumon et des huîtres.

No, portateci dei naselli, della razza, de' sermone e delle ostriche.

Apportez en même temps une omelette, des épinards, des petits pois et des artichauts.

Portate nel medesimo tempo una frittata, degli spinaci, de' piselli, e de' carciofi.

Voulez-vous du vin blanc ou du rouge ?

Volete vin bianco o rosso?

Donnez-nous, en attendant, une bouteille de vin rouge.

Dateci intanto una bottiglia di vin rosso.

Comment trouvez-vous ce vin ?

Che vi pare di questo vino?

Il est excellent.

È eccellente.

Il manque un couvert.

Manca una posata.

Mettons-nous à table.

Mettiamoci a tavola.

Cette soupe est fort bonne.

Questa zuppa è ottima.

Voilà du bœuf qui est délicieux.

Questo manzo è delizioso.

Il n'est ni trop gras ni trop maigre.

Non è nè troppo grasso nè troppo magro.

Les pigeons sont fort tendres.

I piccioni sono molto teneri.

Que dites-vous de cette perdrix ?

Che dite di questa pernice?

Elle est très-délicate.

È delicatissima.

Donnez-nous à boire.

Dateci da bere

A votre santé, Monsieur. — Alla vostra salute, Signore.

A la santé de toute la compagnie. — Alla salute di tutta la compagnia.

Monsieur, voilà de l'huile, du vinaigre, du poivre et du sel. — Signore, ecco dell' olio, dell' aceto, del pepe e del sale.

Donnez-vous la peine d'assaisonner la salade. — Datevi l'incomodo di condir l'insalata.

Mangez de ces figues; elles sont excellentes. — Mangiate di questi fichi; sono ottimi.

Je n'aime ni les figues, ni les pêches, ni les abricots, ni les prunes; je n'aime que les fraises. — A me non piacciono nè i fichi, nè le pesche, nè le albicocche, nè le susine; amo soltanto le fragole.

Il faut avouer que c'est un excellent fruit. — Bisogna confessare che è un frutto eccellente.

Quant à moi, j'aime toute sorte de fruits; les pommes, les poires, les cerises, les noix, et surtout les melons. — Quanto a me, io amo ogni sorte di frutti; le mele, le pere, le ciriegie, le noci, e sopra tutto i meloni.

Allons, Messieurs, levons-nous de table. Il est temps d'aller à la promenade. — Animo, Signori, leviamoci da tavola. È tempo d'andare al passeggio.

I*

De la promenade.	*Del passeggio.*
Allons faire une promenade.	Andiamo a fare una passeggiata.
Voulez - vous venir avec moi?	Volete venir meco ?
Je le veux bien.	Volontieri.
Où irons-nous ?	Dove andremo ?
Allons dans le jardin.	Andiamo nel giardino.
Voici de très-belles allées.	Questi sono viali bellissimi.
Il y a, comme vous voyez, toute sorte de fleurs.	Vi è, come vedete, ogni sorte di fiori.
ueillez-en pour faire un bouquet.	Coglietene per fare un mazzetto.
Voilà une belle rose.	Ecco una bella rosa.
Prenez ces jasmins.	Prendete questi gelsomini.
Ajoutez cet œillet à votre bouquet.	Aggiungete questo garofano al vostro mazzetto.
Il a une odeur délicieuse.	Ha un odore soavissimo.
Voici des renoncules, des jonquilles, des jacinthes et des violettes doubles.	Ecco de' ranuncoli, delle giunchiglie, de' giacinti e delle viole mammole.
Prenez des oranges, Monsieur, vous en donnerez à vos enfans.	Prendete de' melangoli, Signore; ne darete ai vostri figliuoli.

Je vous remercie, Monsieur; je prendrai plutôt deux ou trois citrons.	Vi ringrazio, Signore; prenderò piuttosto due o tre limoni.
Allons nous promener dans les champs.	Andiamo a passeggiare ne' campi.
Les arbres sont en fleur.	Gli alberi sono fioriti
Les épis sont longs.	Le spighe sono lunghe.
Le blé est mûr.	Il grano è maturo.
Il y a beaucoup d'arbres fruitiers.	V' è una gran quantità d'alberi fruttiferi.
Je vois des figuiers, des poiriers, des pommiers, et des cerisiers.	Vedo de' fichi, de' peri, de' meli e de' ciriegi.
Il y a aussi des pêchers, des abricotiers, des amandiers et des châtaigniers.	Vi sono ancora de' persichi, degli albicocchi, de' mandorli e de' castagni.
Je commence à être las.	Comincio ad essere stanco.
Reposons-nous un peu.	Riposiamoci un poco.
Asseyons-nous sous ce hêtre, ou au bord de ce petit ruisseau.	Sediamo sotto questo faggio, o alla riva di questo ruscelletto.
Mettons-nous plutôt près de ce chéne-là, car il y a plus d'herbe et plus d'ombre.	Mettiamoci piuttosto vicino a quella quercia; poichè vi è più erba e più ombra.
Entendez-vous chanter le rossignol?	Sentite voi cantare il rosignuolo?

J'entends le chardonneret, le pinson et le merle.	Sento il cardellino, il fringuello e il merlo.
Cette promenade m'a fait du bien.	Questa passeggiata mi ha fatto bene.
Il n'y a rien de meilleur pour la santé.	Non v' è cosa migliore per la salute.
Il est temps de retourner à la maison.	È tempo di ritornare a casa.
Le soleil est déjà couché.	Il sole è già tramontato.
Je vous remercie de votre bonne compagnie.	V' ringrazio della vostra buona compagnia.
Je vous souhaite une bonne nuit.	Vi auguro una felice notte.
Portez - vous bien ; mes complimens chez vous.	State bene; i miei complimenti a casa.

SCELTA

DI VARIE STORIE,

PRE USO DE' PRINCIPIANTI.

Disprezzo delle Ricchezze.

Biante, allorchè Pirene, sua patria, fu presa da' nemici dopo un lungo assedio, e che ciascuno se ne fuggiva col più di roba che poteva recar seco, egli solo partì molto lentamente e senza portare cosa veruna. Un curioso maravigliandosi di ciò : Perchè ne vai, disse, o Biante, senza portar teco qualche cosa ? Cui egli rispose : Io porto meco tutto ciò che ho di buono ; volendo dire la scienza che possedeva, e che a lui pareva il maggior bene che l'uomo possa avere nel mondo.

Amor dell' Agricoltura.

Cincinnato trovandosi in villa, ed arando il suo podere, ebbe la nuova che, in un urgente bisogno della repubblica, era stato creato dittatore di Roma, onde, girati gli occhi intorno alle sue coltivazioni, disse sospirando : Dunque perderò io il frutto di quest' anno ? come s'egli stimasse più qnelle hce la suprema dignità nella patria. E ciò non deve far meraviglia; poichè chi conosce appieno i beni e i piaceri della villa, non può sopportare l'imbarazzo delle gran signorie e degli amplissimi stati. Virgilio disse questo proposito :

« O troppo fortunati contadini,
« Se conosceste il bene de' vostri campi! »

Contadino divenuto gran Filosofo.

Democrito filosofo, essendo un giorno uscito d'Abdera, incontrò un giovane del contado, chiamato Protagora, che portava sulle spalle un fascio di legna molto destramente legate. Democrito, maravigliato di ciò, domandò al giovane, s'egli avea a quel modo legato il fascio ; e questi rispondendo di sì, il filosofo lo pregò cortesemente a disciorlo, ed a legarlo di nuovo nel modo stesso, il che egli prontamente eseguì. Democrito, scorgendo un maraviglioso ingegno nascosto sotto a que' cenci, gli favellò in questa guisa: Figliuolo, fa a modo mio; lascia quest' esercizio, chè potrai col tuo ingegno operare, in processo di tempo, cose assai migliori. Lo menò seco a casa, e gl'insegnò la filosofia e le scienze, onde Platone non isdegnò d' intitolargli uno de' suoi dialoghi. Scrisse le leggi a' Turri, popoli d'Italia, e molte altre cose che sono state consumate dal tempo.

Talete risponde ad ogni quesito.

Talete Milesio uno de' sette savj della Grecia, essendo interrogato, che cosa fosse la più antica d

tutte le altre, rispose: Iddio, perchè egli fu sempre
Che cosa più bella? Il mondo, perchè è l'opera di
Dio. Che cosa più capace? Il luogo, perchè egli
comprende ogni altra cosa. Che cosa più comoda?
La speranza, perchè, perduto ogni altro bene, questa
rimane sempre. Che cosa migliore? La virtù, perchè,
senz'essa non si può dir cosa buona. Che cosa più
veloce? La mente dell'uomo, perchè in un momento
ella discorre per tutto l'universo Che cosa più forte?
La necessità, perchè ella supera ogni altro accidente.
Che cosa più facile? Dar consiglio agli altri. Che
cosa più difficile? Conoscer se medesimo. Che cosa
più savia? Il tempo, diss' egli, perchè ei consegue
il tutto.

Anassamene salva con un prudente stratagemma la patria da gravissimo pericolo.

I Lansaceni favorirono sempre la parte di Dario
contro Alessandro Magno : onde Alessandro, avendo
superato Dario, andava pieno di sdegno a prender di
loro una terribil vendetta. Anassamene, ch'era stato
maestro d'Alessandro, andò ad incontrarlo, per im-
pedire, se poteva, la distruzione della sua patria.
Alessandro, avendo saputo che costui veniva, e im
maginandosi per qual cagione, si voltò all'esercito,
e giurò per tutti gli Dei, che farebbe ostinatament
tutto il contrario di quello che Anassamene richie-
desse. Anassamene informato del giuramento, si pre-
sentò ad Alessandro, e fu accolto da lui benigna-

mente siccome al solito. Domandato poi che nuova recasse, e quel ch' egli venisse a fare, rispose : Vengo, invittissimo Re, a pregarti che tu faccia rovinare Lansaco infino da' fondamenti, e saccheggiare ogni cosa, e che tu non abbia alcun rispetto a' tempj, non agli uomini, non alle donne, non all' età di veruno, mettendo tutto a ferro ed a fuoco. Si dice che Alessandro sorpreso da un tale stratagemma, e legato dal giuramento, perdonò umanamente a' Lansaceni.

L'Impossibilità e la Poverta.

Temistocle mandato all' isola d'Andro per raccorre danari, entrato in consiglio fece la sua proposta ; ma trovandovi difficoltà, disse : Andriani, io vi porto ue Dee, la persuasione e la forza ; prendete ora uella che più vi piace. Gli Andriani risposero pronmente : E noi ancora, Temistocle, abbiamo due la povertà e l'impossibilità, prendete ora quella più v'aggrada.

Spese eccessive fatte per la tavola.

Lucullo, opulentissimo senator di Roma, avea limitate le spese della tavola secondo le stanze del suo palagio, denominate dagli Dei. Onde dovendo improvvisamente dare una cena a Pompeo ed a Cicerone gli bastò di dire all' orecchio ad uno de' servitori: S cenerà in Apolline ; e la cena fu apparecchiata secondo la spesa fissata a quella stanza di mille dugento e cinquanta scudi d'oro. Una volta non cenando alcuno con lui, gli fu posta la mensa con un apparecchio assai moderato; onde chiamato a se il maestro di casa, gli fece gran rimproveri, ed egli si scusò con dire : Io non sapeva che vi fosse bisogno di un sontuoso banchetto, essendo voi solo. Allora Lucullo soggiunse : Non sapevi tu che Lucullo era per cenar con Lucullo ?

Scarpe di un famoso zoppo.

Damone, zoppo famoso fra' Greci, avea i piedi così mal fatti e difformi, che per fargli un pajo di scarpe che gli stessero bene, un valentissimo calzolajo non v'impiegò meno d'un mese. Avvenne che un laroncello gli entrò in casa di notte, e non trovando ltro da portar via, gli rubò le scarpe fatte con tanto tudio e con tanta fatica. Il povero zoppo levatosi la mattina di letto, non ne fece rumore con alcuno, non se ne dolse, come avrebbe fatto un altro, ma solamente alzò gli occhi al cielo con queste parole : Io vi prego, o Dei superni, di far questo miracolo, che le scarpe che costui mi ha, poco fa, involate, gli si confacciano; il che seguirà, quando i suoi piedi saranno resi stroppiati come i miei.

L'arte delusa con l'arte.

Corace promette a Sosio d'insegnargli la Rettorica, e Sosio promette a lui di pagargli il premio, quando l'avrà imparata. Ma avendola poi appresa, non volea soddisfarlo; sicchè Corace lo chiamò in giustizia, e Sosio confidando nell'arte sofistica, gli domanda in che consiste la Rettorica; Corace risponde ch'ella consiste nel persuadere. Dunque, dice Sosio, se io persuado i giudici di non doverti dar niente, io son ti pagherò, perchè avrò vinto la lite: se non li persuado, non ti pagherò neppure, perchè non avrò imparato a persuadere; perciò farai meglio a desister dalla tua impresa. Ma Corace che ne sapeva più di ui, ritorse il suo argomento in questo modo, e disse: Anzi se tu persuadi i giudici, tu mi pagherai, perchè avrai imparato a persuadere: se non li persuadi tu mi pagherai, perchè perderai meco la lite: sicchè per ogni modo tu mi devi soddisfare.

Accortezza di donna.

Protogene, pittor famosissimo, avea dipinto u Cupido di straordinaria bellezza. Essendo egli folle mente invaghito di Frine, e domandandogli costei qualche sua bell'opera, le diede arbitrio d'eleggersi quale di tutti volesse, pensando che non avrebbe avuto tanto discernimento da scegliersi la migliore, vale a dire, il Cupido; ma la cosa andò altrimenti. Trovandosi egli un giorno in casa di lei, ella fece venire alcuni all'improvviso ad avvertirlo, che la sua bottega con tutto ciò che v'era dentro, ardeva miseramente. Allo strano annunzio si levò Protogene in fretta, andò alla finestra, e domandò loro con grande angoscia se in tanto incendio il suo Cupido era salvo. Allora l'astuta femmina sorrise, e volle quel Cupido, a fare il quale Protogene aveva impiegato due anni.

Beneficio reso a un nemico.

Licurgo, riformatore dello stato Lacedemoniese superò ogni altro in bontà, e piacevolezza di natura. Avvenne che in una sedizione mossa contro di lui, per il rigor delle leggi da esso stabilite, gli fu cavato un occhio con un colpo di bastone. Subito che fu calmato il tumulto, gli venne dato nelle mani colui dal quale era stato ferito, affinchè ne prendesse quella vendetta che stimerebbe opportuna. Ma egli lungi dal fargli alcun male, lo ritenne seco domesticamente, instruendolo di modo in ogni disciplina e virtù, che al fin dell'anno lo condusse nella pubblica radunanza altrettanto savio e virtuoso, quanto era prima vizioso e dissoluto. E voltato al popolo: Ecco, disse, colui che mi deste superbo, insolente, e sfrenato, e ch'io vi rendo ora piacevole, benigno, e utile al vostro servizio.

Filopemene preso per un suo famiglio.

Filopemene, famoso generale degli Achei, avev un aspetto sì ignobile e sì difforme, che pareva un uomo tratto piuttosto dalla feccia del volgo, che nato per governare le genti. Un giorno, essendo alla caccia, fu costretto di ritirarsi in casa d'un suo amico, avendo seco un solo de' suoi famigli. Picchiato alla porta dell' amico, la moglie s' affacciò alla finestra domandando quel che cercassero; a cui il servitor di Filopemene rispose, che il generale degli Achei veniva ad alloggiar quivi. La donna, credendo che fossero due servitori di Filopemene, aperse loro immediatamente la porta, e disse ad ambedue, che s sedessero, intanto ch' ella mandava il suo famiglio a darne avviso al marito, ch' era allora fuori di casa. in questo mentre cominciò a preparar la cena, tutta affannata e confusa, e disse a Filopemene d'ajutarla a fare il fuoco, acciò la cena fosse pronta del suo Signore Ond' egli, presa un' accetta in mano, cominciò a tagliar delle legna, e in questo mentre sopravvenne il padrone di casa, e riconosciuto Filopemene, gli disse riverentemente: Che fate, Signor mio, con quest' accetta? Io pago, diss' egli, la pena della mia bruttezza.

TABLE

DES MATIERES.

FIN.

Imprimerie de J. Smith, rue Fontaine-au-Roi, n. 14 bis.

www.ingramcontent.com/pod-product-compliance
Lightning Source LLC
Chambersburg PA
CBHW071946090426
42740CB00011B/1840